N
0 10 20 30 km
Ostseeküste
Schleswig-Holstein
© Edition Temmen
Ostsee
Kieler Bucht
Fehmarnsu
isch Nienhof
Stohl
Bülk
Heidkate
Kalifornien
Brasilien
Schönberger Strand
Stakendorfer-
strand
Todendorf
Kleiner
Binnensee
Hohwachter Bucht
Weißenhäuser
Strand
Heiligenhafen
Bottsand
Strande
Stein
Probstei
Laboe
Schilksee
Friedrichsort
B 502
Schönberg
Stakendorf
Hohenfelde
Behrensdorf
Die Lippe
Hohwacht
Großer
Binnensee
Water-
neverstorf
Neudorf
B 202
Oldenburg i.H.
»Land Oldenbu
Heikendorf
Kieler Förde
ltenau
Lütjenburg
Wagrien
Bungsberg
KIEL
B 76
B 202
A 1
E 47
B 404
B 76
Plön
Neustadt i.H.
Neustädter
Bucht
Süsel
Sierksdorf
Haffkrug

Ostseeküste Schleswig-Holstein
– von Lübeck bis Flensburg

Werner Scharnweber

Ostseeküste Schleswig-Holstein
von Lübeck bis Flensburg

Reisebilder

Mit 250 Abbildungen

EDITION TEMMEN

Die Deutsche Bibliothek verzeichnet diese Publikation in der Deutschen Nationalbibliografie; detaillierte bibliografische Daten sind im Internet unter http://dnb.ddb.de abrufbar.

Bildnachweis:
Burkhard Bange: S. 26
Finnlines Deutschland GmbH: S. 37
Kay Scharnweber: S. 114 oben, 145 unten
Flensburger Schiffbau-Gesellschaft: S. 121
Historische Sammlung W. Scharnweber: S. 123, 134, 197
Helmut Dick: S. 128/129 oben
OLEU-Segel GmbH: S. 152 unten
Wolfgang Mehl: S. 154/155 rechts, S. 169
Förderverein Historische Hansekooge Kiel e.V.: S. 161
Peter Lühr: S. 170

Alle anderen Aufnahmen:
Werner Scharnweber

Umschlagbild: Strandkörbe am Schönberger Strand
Frontispiz: Raps vor der Ostsee

1. Auflage 2008

Hohenlohestr. 21 – 28209 Bremen
Tel. 0421-34843-0 – Fax 0421-348094
info@edition-temmen.de – www.edition-temmen.de

Karte: Edition Temmen
Herstellung: Edition Temmen

ISBN 978-3-86108-967-4

Inhalt

VORAB

HANSESTADT LÜBECK MIT TRAVEMÜNDE

DIE BÄDERKÜSTE

VON FEHMARN BIS ZUR KIELER FÖRDE

SCHIFFE, WERFTEN UND KANÄLE

SEGELN UND SURFEN

DÄNISCHER WOHLD UND ECKERNFÖRDE

SCHWANSEN UND DIE SCHLEI

LANDSCHAFT ANGELN UND FLENSBURG

ANHANG

VORAB

Als die See kam ...

Vor rund 12.000 Jahren ging in der hiesigen Region die letzte Eiszeit zu Ende. Aber noch waren weiter im Norden riesige Gebiete hoch mit Eis bedeckt. Und dadurch unvorstellbar große Mengen Wasser gebunden. Das westliche Ostseebecken lag trocken, war Land. Hier lebten Menschen, zum Beispiel auf dem Grund der heutigen Kieler Förde. Entsprechende Funde wurden im Jahr 1900 beim Bau der damaligen Kaiserlichen Werft beim Dorf Ellerbek (heute ein Kieler Stadtteil) gemacht. Dieser erste Nachweis menschlichen Lebens zur Steinzeit auf heutigem Ostseegrund erhielt einen wissenschaftlichen Ordnungsnamen: Ellerbeker Kultur oder auch Ellerbeker Stufe.

Je mehr das Eis in der Folge auch im Norden abtaute, um so mehr Wasser wurde freigesetzt. Der Meerwasserspiegel stieg an. Um etwa 6000 v. Chr. drang das Meer durch die Belte in das Ostseebecken. Doch noch war der Wasserstand um rund 16 Meter niedriger als heute. In den folgenden Jahrtausenden stieg der Wasserspiegel weiter an. Nach Harald Lübke und Sönke Hartz*) wie folgt:

»Im Gegensatz zu älteren Auffassungen geht man heute aufgrund neuerer Untersuchungsergebnisse von einem Meeresspiegelstand aus, der um 2000 v. Chr. unterhalb von - 1 Meter NN lag und bereits um Christi Geburt heutiges Niveau erreichte.«

*) In ihrem Bericht »Erste Ansätze zur Prospektion submariner steinzeitlicher Küstenwohnplätze an der schleswig-holsteinischen Ostseeküste«. Veröffentlicht in »Archäologische Nachrichten aus Schleswig-Holstein«. Mitteilungen der Archäologischen Gesellschaft Schleswig-Holstein e.V., Heft 6, 1995.

Mare balticum

Wortwörtlich übersetzt müßte Ostsee im Englischen »eastsea« heißen. Nur könnte der geneigte Engländer damit nichts anfangen. Ostsee, das ist für ihn umgangssprachlich the Baltic. In Spanien heißt unsere Ostsee Mar Báltico. Es gäbe weitere Beispiele. Auch hierzulande wird gelegentlich statt Ostsee vom mare balticum oder vom Baltischen Meer gesprochen.

Die Bezeichnung mare balticum soll - nach Johannes Schmarje*) - erstmals der Geschichtsschreiber Adam von Bremen geprägt haben. Der verfaßte um 1072 eine Kirchengeschichte Hamburg-Bremen, die auch Beschreibungen nordischer Völker und Länder enthält, mitsamt dem mare balticum. Mare - mittelalterliches Latein - ist klar: bedeutet Meer. Was aber ist mit balticum, hochdeutsch: Baltikum gemeint? Schmarje schreibt*), schon Plinius**) habe von Baltia oder Baltica berichtet und damit wohl eine große Insel im nördlichen Europa gemeint. Nach Sara Eliason***) wird ein Urkontinent Baltica genannt. Jener Urkontinent soll sich in der erdgeschichtlichen Frühzeit des Silur (439-409 Millionen Jahre vor heute) etwa auf der Höhe des Äquators befunden haben. In unendlich langen Zeiträumen ist er dann durch die Plattentektonik nach Norden gedriftet. Sozusagen hier herauf zu uns. Norddeutschland, Skandinavien und das westliche Gebiet von Rußland sollen Teile des Urkontinents Baltica sein.

Seit Ende des 19. Jahrhunderts ist Baltikum die Bezeichnung für die historischen Landschaften Livland, Estland und Kurland. Heute versteht man unter den baltischen Staaten die Länder Lettland, Estland und Litauen.

Alles gar nicht so einfach mit balticum oder Baltica. Statt mare balticum also doch lieber Ostsee. Auch wenn es Engländer nicht verstehen.

*) In »Die Provinz Schleswig-Holstein«, 1904.

**) Plinus der Ältere, römischer Historiker und Schriftsteller; starb beim Ausbruch des Vesuvs im Jahr 79. Plinus der Jüngere, römischer Politiker und Schriftsteller; starb im Jahr 113.

***) In »Fossilien auf Gotland«; deutsche Ausgabe, 2000.

Mare balticum, das ist: die Ostsee. Hier in der Eckernförder Bucht mit Blick auf die Steilküste des Dänischen Wohldes

402 Kilometer Küste

402 Kilometer beträgt die Ostsee-Küstenlänge Schleswig-Holsteins. Die Küsten der Insel Fehmarn mitgerechnet, die Uferstrecken der Schlei nicht. Davon sind 110 Kilometer Steilküste.

Endlos scheinen manche Küstenpartien - wie hier bei Heiligenhafen

Buchten, Förden, Halbinseln, eine Insel

Schleswig-Holsteins Ostseeküste ist durch Förden und Buchten gegliedert: Lübecker Bucht mit dem Teilbereich Neustädter Bucht, Hohwachter Bucht, Kieler Bucht, Kieler Förde, Eckernförder Bucht, die Schlei, Geltinger Bucht, Flensburger Förde.
Durch Förden und Buchten werden Halbinseln gebildet: Wagrien mit dem »Land Oldenburg« zwischen Lübecker und Hohwachter Bucht. Die Probstei, östlich der Kieler Außenförde. Der Dänische Wohld zwischen Kieler Förde und Eckernförder Bucht. Schwansen zwischen Eckernförder Bucht und Schlei. Die große Landschaft Angeln zwischen Schlei und Flensburger Förde.
Zur abwechslungsreichen Vielfalt der Ostseeküstengeographie gehört sodann die Insel Fehmarn. Sie ist – von einigen Miniinselchen abgesehen – die einzige und somit auch größte Ostseeinsel des Landes.

Ostseeküstenmotiv

HANSESTADT LÜBECK
MIT TRAVEMÜNDE

Lübeck und die Hanse

Seit fast 350 Jahren ist die Hanse Vergangenheit. Und doch hat dieser Bund zum Selbstschutz des Handels und der Schiffahrt einen Touch historischer Glorie bewahrt. Die Hanse, diesem Begriff wohnt noch immer eine Art Zauber inne, von einstiger Größe, Macht und Reichtum, von Handelsprivilegien, von politischem Einfluß. Etwa ab 1300 war Lübeck das unbestrittene Haupt der Hanse, war »Königin der Hanse«. Und die Hanse beherrschte die Ostsee.

Veränderungen der Welthandelswege führten zum langsamen Niedergang. 1669 fand in Lübeck der letzte Hansetag statt. Geblieben ist - ganz amtlich - die Bezeichnung Hansestadt Lübeck. Und erhalten blieben großartige Bauten aus der Hansezeit. Als bewahrte Zeugen des wirtschaftlichen, kulturellen und sozialen Anspruchs der damaligen Lübecker, des wahrhaft hanseatischen Lübecks.

Das Heiligen-Geist-Hospital am Stadtplatz Koberg in Lübeck. Ein 1286 vollendetes, imposantes Bauwerk, Zeugnis der Wohlhabenheit Lübecker Bürger im Hochmittelalter, gepaart mit Bürgersinn und sozialer Verantwortung

Rechts: St. Marien, dreischiffige Backsteinbasilika in der Mitte der Stadt. Baubeginn um 1200, noch romanisch. Ab 1251 Umbau zur hochgotischen Kathedrale. Diese Mutterkirche der Backsteingotik wurde zum Vorbild für rund 70 Kirchen im Ostseeraum

Lübeck – die Kaufmannsstadt

Natürlich haben die Lübecker stets Schiffahrt betrieben. Zu den glorreichen Zeiten der Hanse allzumal. Aber eigentlich war das Reedereiwesen nur Mittel zum Zweck. Die Hansestädter waren vor allem Kaufleute, sie wollten Handel treiben. Und das war ohne Schiffahrt eben nicht möglich. Lübeck, die Kaufmannsstadt! Die »Buddenbrooks« lassen grüßen.
So stehen in Lübecks Altstadt Zeugen einstiger großer Kaufmannschaft dicht bei dicht: Speicher und stolze Kaufmannshäuser mit Treppengiebeln und oft prächtigen Türen.

Historische Salzspeicher an der Obertrave. Hier lagerte Salz aus der Lüneburger Saline, das in viele Länder verkauft und über die Ostsee verschifft wurde

Lübeck heute

Eine Weltstadt zwischen Tradition und Moderne. Einkaufsstadt, Hafenstadt, Handelsstadt, wichtiger Wirtschaftsstandort für Industrie, Handwerk, Dienstleistungen. »Tor nach Skandinavien«. Bedeutende Kulturstadt mit renommierten Theatern, Museen, Galerien, mit der großartigen Musik- und Kongreßhalle, Universitätsstadt. Die Stadt, in der Tourismus boomt mit Besucherscharen aus aller Welt.
Eine 215.000-Einwohner-Stadt mit ganz eigenem Charme. Mit dieser Mischung aus Weltoffenheit einerseits und bürgerlich-solider Bedächtigkeit andererseits. Lübeck ist aktiv, lebhaft, quirlig und doch auch besinnlich, idyllisch, gemütlich.

Ausschnitt aus der prachtvollen Schaufassade an der Südseite des Lübecker Rathauses. Dahinter aufragend die hohe Mauer des ältesten Teils des Rathauses, umgestaltet und mit großen Windlöchern versehen anno 1435

Lübecks imposantes Wahrzeichen Nr. 1: das Holstentor.
Zum Schutz des Hafens in den Jahren 1469–1478 erbaut

Hanseschiff »LISA VON LÜBECK«

Der Name »LISA VON LÜBECK« für den Nachbau dieses historischen, mittelalterlichen Hanseschiffes hat seine Bedeutung. Die Unternehmerin Lisa Dräger nämlich war es, die dieses Projekt initiierte. Und der Name Dräger hat in Lübeck »Schubkraft«. Dräger - das weltbekannte Lübecker Unternehmen.

Die »LISA VON LÜBECK« ist zwar ein Hanseschiff, aber keine Hansekogge. Sondern eine Kraweel. Die dreimastige Kraweel löste als Typ im 15. Jahrhundert die einmastige Hansekogge im Hanseraum der Ost- und Nordsee für den Frachtverkehr ab.

Zitat:*)

»Im April 1999 wurde auf die Lübecker Wallhalbinsel die Hanseschiff-Werft gegründet. Neben dem Bau der Kraweel hatte die Werft die Aufgabe, jeweils 40 junge Menschen ohne Berufsabschluß in den Bereichen Holz- und Metallverarbeitung in einjährigen Beschäftigungsmaßnahmen (ABM) zu qualifizieren. Als anleitende Facharbeiter und Meister fungierten ca. 15 ältere, arbeitslose Handwerker.«

Am 31. Juli 1999 erfolgte die Kiellegung. Das große Werk gelang. Trotz mancher, vor allem auch finanzieller Schwierigkeiten. Nicht zuletzt dank über 30 freiwilliger Helfer und durch die Unterstützung der Städtischen Beschäftigungsgesellschaft.

Am 27. März 2004 wurde die »LISA VON LÜBECK« per Schwimmkran zu Wasser gelassen. Inzwischen ist das Schiff vollendet und hat größere und kleinere Reisen absolviert.

Wenn die »LISA VON LÜBECK« unter ihrer Segelfläche von 276 Quadratmeter an drei Masten (Fock, Großsegel, Besan) aufkreuzt, scheint die große Lübecker Hansezeit vergangener Jahrhunderte wiederzukehren.

Die »Lisa« ist 35,90 Meter lang, hat eine Breite von 9,30 Meter und einen Tiefgang von 2,86 Meter. Sie wird unterhalten von der »Gesellschaft Weltkulturgut Hansestadt Lübeck (gemeinnützig) e.V.«

Wegen Mitfahrgelegenheiten und Veranstaltungen an Bord siehe Internet:
www.hanseschiff-luebeck.de

*) Zitat entnommen aus einem Internetbeitrag unter www.hanseschiff-luebeck.de

Die »LISA VON LÜBECK«

Größter Hafen

Mit über 30 Millionen Tonnen Frachtaufkommen jährlich ist Lübeck der größte, das heißt der umschlagstärkste, deutsche Ostseehafen. Vor Rostock und Kiel.

Ein Schiff der Stena Line, auslaufend vom Hafen Lübeck-Travemünde, Kurs Ostsee

Stena Line

»Lübecks schönste Tochter«

Travemünde, »Lübecks schönste Tochter«, ist seit 1802 Seebad, seit 1957 Seeheilbad. Bereits im 19. Jahrhundert war hier Treffpunkt der feinen Gesellschaft. Auch später kamen illustre Gäste wie Franz Kafka, Edvard Munch, Thomas Mann. Nach Weltkrieg II stehen so schlagzeilenträchtige Namen wie Kaiserin Soraya und Onassis, Curd Jürgens und Eva Bartok, Sophia Loren und Carlo Ponti und Kirk Douglas in der Travemünder Gästeliste.

Dann verblaßte der glamouröse Glanz etwas. Die Gästeschar der Nobelklasse hatte andere Ziele entdeckt.

Inzwischen ist Travemünde wieder auf dem Weg zu wahrer Noblesse. Neue, gut frequentierte Hotels der 5-Sterne-Kategorie, »angesagte«, mit ›Stern‹ und ›Haube‹ ausgezeichnete Restaurants sind dafür Eckpfeiler. Schicke Boutiquen bieten gehobenes Einkaufsvergnügen. Im Casino dreht sich - wie seit 1825 - das Roulette.

Die »Vorderrreihe«. Mondän ist sie nicht. Aber sie hat Flair. Mit Häusern und Häuschen im Stil der Bäderarchitektur, mit der autofreien Straße als herrlicher Schlenderstrecke, mit Cafés und Restaurants, mit dem Blick aufs Wasser

Travemünder Gruß im Fischereihafen

Kurzum: Travemünde mausert sich wieder zum feinen Renommierbad, in guter, alter, maritimer, mondäner Tradition - im modernen Stil unserer Zeit.

Aber nicht nur die Hautvolee ist Zielgruppe der Tourismusmanager. Travemünde will - so war es in Zeitungen nachzulesen*) - die Generation 50 plus (= Best Ager), Genießer und Familien als Gästegruppen verstärkt ansprechen.

Die Zahl der Gästebetten wird wesentlich erhöht. Allein auf dem Priwall entstanden und entstehen Ferienhäuser im dänischen Stil mit 1000 Betten. Und das ist nach der Planung nur ein erstes Kontingent. Auch von Hafenvillen, Luxusferienhäusern, einer weiteren Promenade mit Geschäften und Restaurants ist - Stand November 2007 - planerisch die Rede.

In Travemünde ist man sicher: Das alles kommt!

*) Zum Beispiel »Kieler Nachrichten« vom 3. August 2007.

Blick über den Fischer-Kai von Travemünde auf das Hochhaus des Maritim Strandhotels - unter anderem mit dem Restaurant »Über den Wolken« in der 35. Etage

Travemünde zum Schnäppchenpreis

Lübeck liegt nicht direkt an der Ostsee, sondern an der hier schiffbaren Trave. Was die Lübecker bekanntlich nicht daran hinderte, zur bedeutendsten Hafen- und Handelsstadt im Ostseeraum aufzusteigen. Stichwort: Hanse.

Allerdings gab es vor Zeiten ein Problem. Die Lübecker lösten es in typischer Kaufmannsmanier - mit Geld. Hier ist die Geschichte:

Im Jahre 1226 erlangte Lübeck durch Kaiser Friedrich II. die Reichsfreiheit. Mit anderen Worten: Holsteinische Grafen hatten in der Travestadt nichts mehr zu sagen. Ärgerlich nur, daß die holsteinischen Grafen durch ihren befestigten Stützpunkt Travemünde mitsamt beherrschendem Steinturm noch immer die Möglichkeit hatten, den lübschen Seehandel zu kontrollieren. Schiffe von oder nach Lübeck mußten an Travemünde, dem Tor zur Ostsee, vorbei.

Es gab Streit hin, Streit her. Schließlich wurde im Jahre 1320 verhandelt. Graf Johann III. für Holstein, die Herren des Rates für Lübeck. Der Graf versprach, den Turm abzubrechen. Nach Biernatzki/Schröder*) für eine Entschädigung von 7000 Speziestalern. Dem inzwischen zum Haupt der Hanse aufgestiegenen Lübeck war die Sache trotzdem nicht geheuer. Schließlich konnten die Holsteiner die für die Hansestadt lebenswichtige Traveeinfahrt, den Zugang zur Ostsee, auch ohne Turm kontrollieren, vielleicht sogar sperren. Folglich: Travemünde - seit 1317 mit Stadtrechten ausgestattet - mußte lübsch werden.

Die Grafen von Holstein waren es vermutlich leid, wollten wohl auch keinen Konflikt mit der immer mächtiger werdenden Hanse riskieren. Sie verkauften im Jahre 1329 Travemünde an die Stadt Lübeck. Für 1060 Mark lübsch. Für die Lübecker ein Schnäppchen-Preis, bedenkt man die Bedeutung und den Wert von Travemünde damals, über die Jahrhunderte, bis in die Gegenwart, in der Zukunft.

*) In »Topographie der Herzogthümer Holstein und Lauenburg, des Fürstenthums Lübeck und des Gebiets der freien Hanse-Städte Hamburg und Lübeck«, 2. Band. 1856.

Travemünde ist seit 1329 lübsch. Und garantiert seither freie Fahrt auf der Trave bis in die Altstadt von Lübeck. Bild: Megayacht am Kai, gegenüber der Straße An der Untertrave

Der älteste Leuchtturm

In einer Kämmerei-Rechnung des Jahres 1316 wird in Travemünde ein Leuchtturmwärter genannt. Gab es einen Leuchtturmwärter, wird es auch einen Leuchtturm gegeben haben – in welcher Form auch immer. Leuchtturm Travemünde anno 1316, der älteste an der Küste. Allerdings verschwand dieser Leuchtturm einschließlich Leuchtturmwärter dann wieder im Dunkel der Geschichte, für 223 Jahre.

Der nächste Travemünder Leuchtturm wurde 1539 errichtet, in solidem Backstein. 1827 durch Blitzschlag zerstört, wurde er umgehend neu auf- und ausgebaut. So wie er heute noch am Leuchtenfeld steht. 1972 – nach insgesamt 433 Dienstjahren für die Sicherheit der Schiffahrt – wurde er »in Rente geschickt«, das heißt: abgeschaltet. Auf ein Leuchtfeuer Travemünde müssen die Sailors der Sport-, Fähr- und Handelsschiffahrt hier ausgangs der Trave aber nicht verzichten. Es leuchtet seither vom Dach des Maritim Strandhotels aus 114 Meter Höhe. Der alte Leuchtturm erfüllt inzwischen einen anderen Zweck. Im Innern ist ein besuchenswertes maritimes Museum untergebracht.

Der alte Leuchtturm von Travemünde

PASSAT

Der letzte »Flying-P-Liner«

Museumsschiffe gibt es manche an der Küste, aber nur eines heißt »PASSAT«. Es ist in deutschen Gewässern der letzte der berühmten »Flying-P-Liner«, eine stählerne Viermastbark, 1905 für 680.000 Goldmark bei Blohm und Voss in Hamburg für die Reederei Ferdinand Laeisz gebaut. Wenn Wind und Welle stimmten, erreichte der Schwerwettersegler eine Geschwindigkeit von 12 Knoten, das sind 22,24 Stundenkilometer.

65 schnelle Segler kreuzten für Ferdinand Laeisz die Ozeane. Alle Schiffsnamen begannen mit »P«, nach dem Spitznamen der Ehefrau des Reeders, die »Pudel« genannt wurde.

Die »PASSAT« hat ein bewegtes Schicksal: Im Ersten Weltkrieg wurde sie in Südamerika interniert, kehrte erst 1921 nach Europa zurück, ging als Reparationsleistung an Frankreich, wurde zurückgekauft an den deutschen Reeder. 1932 erwarb sie der Finne Gustav Erikson, ein wahrer Segelschiffsammler, der die Bark bis 1939 in der Weizenfahrt Australien–Europa einsetzte.

Um sie und das Schwesterschiff »PAMIR« vor dem Verschrotten zu retten, kaufte der deutsche Reeder Schliewen 1951 die Schiffe. Als Getreidesegler und Ausbildungsschiffe für Offiziersanwärter gingen »PASSAT« und »PAMIR« wieder auf Südamerikafahrt. Bis zum 21. September 1957, als die »PAMIR« im Hurrikan »Carrie« westlich der Azoren kenterte und sank. 85 Männer fanden den Seemannstod, nur sechs Seeleute konnten gerettet werden. Die »PASSAT«, wie die »PAMIR« auf der Fahrt von Buenos Aires, wurde ebenfalls vom Sturm schwer getroffen, erreichte aber sicher den Zielhafen Lissabon.

Das »PAMIR«-Unglück war der endgültige Schlußpunkt der großen Zeiten der Frachtensegler und der »Flying-P-Liner«.

Nun hat die »PASSAT« am Priwall in Travemünde als Museumsschiff festgemacht, gepflegt wie immer. Nur die traditionsreiche weiße Reedereiflagge mit den roten Buchstaben F und L für Ferdinand Laeisz weht nicht mehr im Topp.

Motiv an Oberdeck

Die stolze »PASSAT«

Mit den Fähren von Lübeck-Travemünde nach ...

Mit der Finnlines nach H e l s i n k i. Mit den Schiffen der STAR-Klasse, nämlich: »MS FINNSTAR«, »MS FINNMAID« und »MS FINNLADY«.
1200 Kilometer ist die Route lang. Die modernen Finnlines-Fährschiffe der STAR-Klasse legen diese Strecke in nur 27 Stunden zurück. Sie haben eine Kapazität von 500 Passagieren, die zwischen neun Kabinenklassen wählen können.
Auch die Schiffe der HANSA-Klasse - die »MS FINNHANSA« und »MS TRANSEUROPA« - fahren nach H e l s i n k i. Neben der üblichen Fracht befördern die Schiffe dieser Klasse nur maximal 114 Passagiere und deren Fahrzeuge. Eine Überfahrt mit der HANSA-Klasse dauert 36 Stunden.
Als einzige Reederei auf der Ostsee hat Finnlines eine alte Seefahrer-Tradition beibehalten. Auf allen Schiffen sind alle Mahlzeiten während der gesamten Überfahrt im Reisepreis enthalten - unabhängig von der Kabinenklasse.*)
Mit der TT-Line nach T r e l l e b o r g in Schweden. Täglich mehrere Abfahrten ab Travemünde mit den Schiffen »PETER PAN«, »NILS HOLGERSSON«, »ROBIN HOOD« und »NILS DACKE«. Dauer der Überfahrt, je nach Schiff und Abfahrtszeit, 7 bis 7 ½ Stunden.*)
Mit der Finnlines nach S t. P e t e r s b u r g. Siehe dazu folgenden, gesonderten Bericht »Ostwärts nach St. Petersburg«.

*) Alle Angaben: Stand November 2007.

Eine Fähre der TT-Line, auslaufend Travemünde, Kurs Trelleborg

Ostwärts nach St. Petersburg

Die »MS TRANSLUBECA« am Anleger in Lübeck

Die »MS TRANSLUBECA« der Reederei Finnlines ist eine Fracht-Passagier-Fähre. Einmal pro Woche legt sie in Lübeck ab. Kurs ostwärts, nach St. Petersburg. Fahrtdauer, einschließlich kurzem Zwischenstopp in Sassnitz/Mukran auf Rügen, ungefähr 60 Stunden. Für zwei Tage und eine Nacht macht das Schiff in St. Petersburg fest. Dann geht es zurück nach Lübeck.

40 Passagiere können auf der »MS TRANSLUBECA« mitreisen. Genau das Richtige für Leute, die ein wenig abenteuerlustig sind, die das Außergewöhnliche schätzen. Eine Luxus-Kreuzfahrt ist der Trip mit diesem Schiff nicht, dafür Seemannsalltag pur. Zitat*): *»Schauen Sie dem Personal über die Schulter. Genießen Sie herzhafte Seemannskost. Entspannen Sie an Deck, tanken Sie frische Luft, genießen Sie Wolken, Wind und sehr viel Meer - tun Sie, was Sie wollen.«*

In Hängematten - so, wie es anno einst in der christlichen Seefahrt üblich war - müssen die Passagiere natürlich nicht schlafen. Sondern in 24 bzw. 20 qm großen Außenkabinen, ausgestattet mit Dusche/WC, Schreibtisch, Telefon, Radio und TV.

Übrigens, alle Mahlzeiten und einige alkoholfreie Tischgetränke sind als Vollpension im Fahrpreis inbegriffen. Die Fahrt läßt sich auch als Rundreise buchen. Zitat*): *»Bei Buchung als Rundreise ist das Schiff gleichzeitig Ihr Hotel und Ihre Kabine Ihr Zimmer. Während der Liegezeit können Sie selbstverständlich die im Preis inbegriffene Vollpension an Bord nutzen.«*

Info und Buchung bei: Finnlines Passagierdienst, Zum Hafenplatz 1, 23570 Lübeck-Travemünde, Telefon 04502 805-43.
www. finnlines.com

*) Zitate entnommen aus Faltblatt »Mit MS TRANSLUBECA nach St. Petersburg«, Ausgabe 2007.

DIE BÄDERKÜSTE

Bäderküste

Bäderküste nennt Volkes Rede die lange Uferstrecke der Lübecker Bucht. Zutreffend, denn hier sind sie wie an einer Schnur aufgereiht, die bekannten Seebäder. Von Süd nach Nord: Travemünde, Niendorf, Timmendorfer Strand, Scharbeutz, Haffkrug, Sierksdorf, Neustadt-Pelzerhaken-Rettin, Grömitz, Kellenhusen, Dahme und schließlich, »ganz oben«, Großenbrode.
Frische Seeluft, die Weite der Ostsee und prima Sandstrand findet der Gast in allen Orten. Ansonsten gibt es Unterschiede. Jedes Ostseebad pflegt einen eigenen Stil. Von exklusiv und mondän bis gemütlich und familiär.
Mit anderen Worten: Der Urlauber kann an der Bäderküste punktgenau sein Wunschziel finden.

Am Strand von Dahme

Auf zur kleinen Ostsee-Luftmatratzentour (aber Vorsicht, nur nicht abtreiben)!

Ab in die Ostsee

Der Himmel ist wolkenlos, die Ostsee wirklich blau, das Wasser sommerwarm. Da ist zwischen Travemünde und Glücksburg das wahre Wasservergnügen angesagt. Ab in die Ostseefluten! Für jene, die Badebekleidung tragen, hier. Für die Textilfreien dort. An gepflegten Kurstränden oder an naturbelassenen Küstenabschnitten. Die freie Strandauswahl, von lebhaft bis lauschig.

»Die Ostsee ruft ...!«

Erste Annäherung ...

»Elegantes Ostsee-Ressort«

Zitat*): *»Timmendorfer Strand kommt eher exklusiv und fein daher.«* Dieses Image pflegt man. Beispiel (Zitat*): *»Die mondäne neue Promenade, an der die exklusiven Geschäfte ihre noblen Filialen haben, ist ein Paradies für alle, die Schönes schätzen und gern bummeln, schauen und shoppen.«*

Zur noblen Imagepflege gehören auch hochkarätige Veranstaltungen rund um den Kalender. Beispiele in - gekürzten - Originalzitaten aus der Pressemitteilung »Timmendorfer Top Events 2007«: *»Lukullische Meile. Das Konzept hochwertiger Speisen, dargeboten von Spitzenköchen, lockt Gourmets aus nah und fern. Wenn Edel-Gastronomen in eleganten Zelten entlang einer feinen Flaniermeile kochen, wird unverfälschte Qualität geboten. Da kommt auf den Teller, was gut und teuer ist. — Champagner und Chukker - DER gesellschaftliche Treff im September ist das Polo-Open (...) in Timmendorfer Strand unter Schirmherrschaft von Hubertus Prinz von Sachsen-Coburg und Gotha. — Silvester on the Beach, die Superparty mit NDR 2, bekannt als beste In-Dance-Outdoor-Location an der Küste ...«*

Kurdirektor Christian Jaletzke hat es so gesagt**): *»Wir mögen das Besondere. Und das rund ums Jahr. Bei uns kann der Gast Veranstaltungen erleben, die deutschlandweit ihresgleichen suchen.«*

Timmendorfer Strand ist eben (Zitat*): *»Das elegante Ostsee-Ressort ...«*

Den Kindern sind Veranstaltungen dieser Art wohl eher egal. Sie sind begeistert vom »Sea-Life«. Von der Unterwasserwelt mit Haien, Rochen, Seepferdchen und vielen anderen Meerestieren. Zu bewundern durch einen gläsernen Unterwassertunnel und im großen Ozeanbecken.

Das Allerwichtigste ist und bleibt aber auch für Timmendorfer Strand der lange, feine Sandstrand und das Meer.

*) Aus dem touristischen Infoheft: »Die Ostsee, Urlaubsmagazin für die Ostseeküste und die Holsteinische Schweiz«, Magazin 2007.

**) Interviewaussagen, veröffentlicht im Magazin »timn«, 2007.

Abtrocknen nach dem Bad in der See. Bronzeplastik auf der Strandpromenade in Timmendorfer Strand

Seepferdchen am Brunnen

Ferienregion Scharbeutz

Scharbeutz an der Lübecker Bucht gibt es zweifach. Nämlich - erstens - den Ort Scharbeutz, 4.258 Einwohner mit Hauptwohnsitz und 1.975 Einwohner mit Zweitwohnsitz*). Und - zweitens - die kommunale Gemeinde Scharbeutz, 11.414 Einwohner mit Hauptwohnsitz und 2.835 Einwohner mit Zweitwohnsitz*), mit Ort Scharbeutz inklusive. Zur Gemeinde gehören 10 Orte. Neben Scharbeutz noch Gleschendorf, Gronenberg, Haffkrug, Klingberg, Pönitz, Sarkwitz, Schulendorf, Schürsdorf und Wulfsdorf. Scharbeutz (Ort) und Haffkrug liegen direkt an der Ostsee. Beide Orte sind Ostsee-Heilbäder. Nicht nur den Ort und die Gemeinde Scharbeutz gibt es, sondern im touristischen Sprachgebrauch auch noch die Ferienregion Scharbeutz. Dazu gehören - neben Scharbeutz (Ort) und Haffkrug - Ferienorte der sogenannten Pönitzer Seenplatte, wie Pönitz, Klingberg, Gleschendorf und Gronenberg. Die ja - siehe oben - auch Teile der Gemeinde Scharbeutz sind.
Keine Sorge, diese scheinbare Verwirrung wird im »Gastgeberverzeichnis 2008« vollständig aufgelöst. Darin ist alles klar gegliedert: Scharbeutz (Ort) - Haffkrug - Pönitzer Seenplatte.
Sechs Kilometer langer, flach abfallender Ostsee-Sandstrand, eine ins Landschaftsbild gut angepaßte Promenade, ein naturschönes, hügeliges Hinterland sind nur einige der touristischen Trumpfkarten. Auch das besondere, kostenlose Kinderbetreuungsangebot »Gumdas Kinderkonsulat« gehört dazu. Und die Ostsee-Therme, die Scharbeutzer Heide sowie - natürlich - ein kunterbuntes Veranstaltungsprogramm.
Gäste aller Generationen und aller Interessenlagen sind in der Ferienregion Scharbeutz gut aufgehoben. Jene, die den Wunsch nach familienfreundlichen Angeboten haben, ganz besonders. Heike Lemke von Tourismus-Service Scharbeutz**):

» ... ein Fokus liegt auf Familien mit Kindern, was sich auch in der Gästestruktur widerspiegelt.«

*) Stand Januar 2008. Mitgeteilt von Bärbel Bartel, Sekretariat Bürgermeister.

**) Tourismus-Service Scharbeutz, Bahnhofstr. 2, 23683 Scharbeutz. Telefon 04503-770942.

Strandkorbparade am Scharbeutzer Strand, frühmorgens, bevor Urlauber aufstehen und Tagesgäste kommen

Scharbeutz – beschrieben 1894

»Scharbeutz. Hotel und Kurhaus Augustenbad mit verschiedenen Villen und Logierhäusern. Die Logierhäuser auf einer Anhöhe in der Nähe des Strandes bieten 100 Zimmer à 10–30 Mark pro Woche. (...) Ein kaltes Seebad 40 Pfennig, ein warmes Bad 1,50 Mark. (...) Um das Bad-Etablissement angenehme Parkanlagen. Guter Badegrund, aber Wellenschlag sehr gering. Das Leben ist zwanglos, einfach, billig und gut.«

(Aus: Griebens Reisebücher, Band 55: »Die Ost- und Nordseebäder.« 6. Auflage im Verlag von Albert Goldschmidt. 1894)

Scharbeutz – kleiner Ort mit großem Charme

Sonnenaufgang hinter Wolken am Strand von Scharbeutz

Neustadt – Hafen und Pagodenspeicher

Neustadts Hafen ist schmal. So schmal und durch beiderseitige Landabdeckung so gut »versteckt«, daß hier vor Zeiten sogar Seeräuber ihren Stützpunkt gehabt haben sollen. Berichtet wird, anno 1420 habe der Lübecker Rat Klage geführt, in Neustadt säßen 200 Seeräuber, die in drei Tagen zehn Schiffe mit hansischen Gütern erbeutet hätten. Beachtliche Leistung, möchte man fast sagen, wenn's denn stimmt, was die Lübecker beklagten.

Seeräuber und Piraten haben in Neustadt ausgedient. Der Hafen blieb. Und weil schmal wie eh und je, ist er von Land aus prima zu überblicken. So gehört der Neustädter Hafenbummel zum Programm für jeden Neustadt-Besucher. Kümos, ein Handelsschiff, Ausflugs»dampfer«, Yachten, Oldtimer und am Fischersteg ein paar Fischerboote bilden einen kleinen, bunten »Hafenmix«.

Trotz der notwendigen Geschäftigkeit, vom aufgeregten Trubel und Lärm anderer Hafenplätze ist hier nichts zu spüren. Neustadts Hafenatmosphäre ist eher beschaulich.

Als Verschiffungshafen von Gebrauchtautos Richtung Osten ist Neustadt seit Jahren bekannt.

Und dann ist da noch, jenseits der Hafenbrücke, am Binnenwasser, ein (ehemaliger) Kornspeicher von 1830. Mit seinem sechsfach gestuften Ziegelwalmdach erinnert der Bau an eine Pagode. Die eigenwillige Dachform entsprach reiner Zweckmäßigkeit. In den schmalen Dachabsätzen befanden sich Luken, die einen kräftigen Durchzug ermöglichten. Im Luftzug wurde das gelagerte Korn getrocknet und trocken gehalten.

Am Neustädter Hafen mit Blick auf die Stadt

Der Pagodenspeicher von Neustadt

Steilküste – Zitat I

»Ein ungehinderter Abbruch der Steilufer sorgt für eine ständige Materialzufuhr (Strandwälle, Sandhaken) und damit für eine ausgeglichene Sandbilanz an den für die Ferienorte wichtigen Sanduferabschnitten.«

(Aus dem Infoheft: »Erläuterungen zu der Karte der geowissenschaftlich schützenswerten Objekte« von P.H. Ross. Herausgegeben vom Geologischen Landesamt Schleswig-Holstein, 1993)

Steilküste bei Brodau an der Lübecker Bucht

Grömitz – stets bedeutend

Bedeutend war Grömitz schon immer. Als Kirchort mindestens seit 1259. In dem Jahr wird die Grömitzer Kirche in einem Verzeichnis des Bistums Lübeck genannt. 1315 ist hier von einem landesherrlichen Schloß die Rede. Im 15. Jahrhundert erhielt Grömitz sogar das lübsche Stadtrecht, war also Stadt, hatte städtischen Bürgermeister und Rat. 1855 schrieben von Schröder/Herm. Biernatzki in ihrer »Topographie der Herzogthümer Holstein und Lauenburg«: »*Grömitz, ein fleckenähnliches bedeutendes Kirchdorf.*« Ein Flecken, ausgestattet mit der Fleckensgerechtigkeit, war vormals eine Zwischengröße zwischen Dorf und Stadt.

Heute zählt Grömitz zu den größten und bedeutendsten Seeheilbädern in Deutschland. Gefragt nicht nur zur Sommerzeit. Es ist – so steht es in touristischen Infounterlagen – ein »all-season-Seebad«.

Auf der Strandpromenade von Grömitz

Grömitz – notiert 1855

»Grömitz (in der Volkssprache Gröms, vorm. Grobenitze), ein fleckenähnliches, bedeutendes Kirchdorf (...) am Strande der Ostsee und in einer romantischen terrassenförmigen Lage. (...) Volkszahl (1855) mit Körnik: 1209, worunter 3 Krüger, 4 Krämer, 2 Branntweinbrenner, 2 Bäcker, 4 Schmiede, 3 Schlachter und Handwerker fast aller Art. (...) Seit 1839 ist hier eine Badeanstalt zu kalten und warmen Seebädern eröffnet.«

(Aus: »Topographie der Herzogthümer Holstein und Lauenburg, des Fürstenthums Lübeck und des Gebiets der freien und Hanse-Städte Hamburg und Lübeck.« Von Johannes von Schröder und Hermann Biernatzki. 2. Auflage, erster Band. 1855)

Grömitzer Badekarren vom 1836, aufgestellt an der Kurpromenade

Grömitzer Seebrücken

Beachtliche 480 Meter ragte die erste, 1912 errichtete Grömitzer Seebrücke aufs Meer hinaus. Sie gehörte dem ortsansässigen Bauunternehmer Westphal. Der für die Nutzung seiner stark frequentierten Landungsbrücke kassierte. Allerdings nicht nach Gutdünken, sondern nach einer vom Regierungspräsidenten in Schleswig festgelegten Preisliste. Anlegende Dampfschiffe mußten 4,- Mark zahlen, Segelschiffe und Boote 0,50 Mark. Ankommende und abfahrende Reisende hatten ebenfalls 0,50 Mark zu zahlen. Geregelt waren auch die Preise für Viehtransport und Güterverkehr. Beispiele: ein Pferd 0,50 Mark, ein Ferkel 0,05 Mark, 1000 Soden Torf 0,10 Mark. Ab 1. März 1913 trat eine Tarifergänzung in Kraft. Jetzt hatten auch Nichtreisende für das Betreten der Brücke zu bezahlen: 10 Pfennig.

95 % des Reiseverkehrs wurden vor 1914 über die Brücke abgewickelt. Der Eiswinter 1943/44 zerstörte die Westphal'sche Brücke vollständig.

Grömitz' heutige Seebrücke stammt aus dem Jahr 1984. Sie ist 398 Meter lang. Jeder Gast nutzt die Gelegenheit, trockenen Fußes fast vierhundert Meter aufs Meer hinauszubummeln, zu flanieren. Auf dem Weg zurück haben die Seebrückenspaziergänger dann das Strandleben und die Kurpromenade »in der Totalen« vor sich.

Seebrücken sind, insbesondere in Badeorten an der See ohne Naturhafen, eine touristische Attraktion. In Grömitz und anderswo. Und Eintritt, wie anno 1913 in Grömitz, wird auch nicht erhoben.

Die Grömitzer Seebrücke

Seegras

Seegras gibt es in verschiedenen Arten: Zwergseegras, Schmalblättriges Seegras, Echtes Seegras. Alle Arten gedeihen in den Flachwasserzonen vor der Küste, in den Seegraswiesen. Durch stürmische Fluten wird Seegras oft losgerissen und in großen Büscheln an den Strand gespült. Die ursprünglich grüne Farbe wandelt sich dann in trockenem Zustand über graue, gelbliche, braune Töne bis fast schwarz. Unsere Vor-Vor-Eltern haben Seegras geerntet. Und genutzt als Pack- und Isoliermaterial, als Viehfutter, Dünger und insbesondere als Füllstoff für Matratzen.

Im »Hauslexikon«, siebenter Band, Ausgabe von 1837, heißt es zum Stichwort »Seegras« unter anderem: *»Seegras, als Stopfmittel für Polster, Matratzen und Betten gebräuchlich, besteht aus grasartigen, langen, flachen Blättern (...). Es ist frisch grasgrün, getrocknet graubraun oder schwärzlich, gekräuselt, ballenförmig verflochten, sehr biegsam und elastisch, der Fäulniß und dem Insectenfraß nicht unterworfen. In den Handel kommt Seegras zubereitet, wozu man es von dem darunter befindlichen Blasentang reinigt, mehrere Male wäscht und an der Luft trocknet.«*

Die Zeiten, in denen Seegras derart nützlich verwendet wurde, sind weitgehend vorbei. Heute freut sich der Strandwanderer gelegentlich an kleinen Seegras-Kunstwerken: Feine Seegrashalme in Kombination mit Muschelschalen wirkungsvoll drapiert. Allein von der Natur, ganz ohne Menschenhand.

An Badestränden werden größere Mengen von angeschwemmtem Seegras und Tang in der Saison abgeräumt. Der Strand soll sauber sein.

»Natur-Kunstwerk": Einzelne Seegrashalme in Kombination mit Muschelschalen

Mit Seegras nach Hamburg

»Einige der ärmeren Classen der Einwohner (von Grömitz, Anm. Autor) *beschäftigen sich mit dem Einsammeln des Seegrases und wöchentlich fahren 2 Frachtwagen damit nach Hamburg.«*

(Aus: »Topographie der Herzogthümer Holstein und Lauenburg, des Fürstenthums Lübeck ...« von Johannes von Schröder und Herm. Biernatzki, erster Band, 2. Auflage. 1855)

Eine durch Herbststurm hochauflaufende See hat Seegras und Tang angespült

Kellenhusens neue Seebrücke

Aussichtsplattform auf dem Brückenkopf

Kellenhusens neue Seebrücke

Kellenhusen, das familienfreundliche Seebad, hat sich eine neue Seebrücke gebaut. Im Juni 2007 wurde sie feierlich eingeweiht. Es ist keine »Brücke von der Stange«, sondern eine von besonderer Art. Mit interessanter, moderner Seebrückenarchitektur. 306 Meter führt die Brükke aufs Meer hinaus, 2,80 bis 3,70 Meter über dem Wasser. In Abständen wird sie, quer zur Brückenrichtung, von drei »eiförmigen« Bögen überspannt. Wahre Hingucker! Unter den Bögen laden Sitzbänke zum Verweilen ein. Zwei Halbinseln, in Schiffsbugform, haben an der Brücke fest »angedockt«. Die eine zum Relaxen, die andere als Badeinsel. Der Brückenkopf teilt sich in zwei Ebenen. Oben die exzellent gestaltete Aussichtsplattform, unten der Schiffsanleger. Kellenhusens neue Seebrücke hat Erlebniswert.

Blick von der Aussichtsplattform auf den Ort

Dahme heute

Seit 125 Jahren Seebad, seit 40 Jahren Ostseeheilbad. 823 Hektar groß, 1150 Einwohner. 6,5 Kilometer feinsandiger Strand, 1,5 Kilometer Strandpromenade. 205 Meter lange Seebrücke. Wahrzeichen: Leuchtturm Dahmeshöved. 8000 Gästebetten. Zitat des Kurdirektors*): *»Dahme ist familiär und persönlich, keineswegs abgehoben und trotzdem finden wir alles, was wir für unseren perfekten Urlaub brauchen.«*

*) Aus »Dahme-Magazin«, ohne Jahresangabe. Dem Autor dieses Buches zur Verfügung gestellt im Sommer 2007.

Bootspartie vor dem Strand

»Meine Schaufel.« - »Meine Schaufel.«
Das Mädchen hat gewonnen - natürlich

Die Brückenspringer

Eigentlich ist es verboten, einige Meter hoch von den Geländern und Pfählen der Seebrücken ins Wasser zu springen. Und doch wird es von der Jugend mit Vergnügen praktiziert - seit Generationen. Da drücken dann wohl auch die »Seebrückenaufseher« (gibt's die?) oder sonstige »Strandordnungskräfte« beide Augen zu. Nur auf »Köpper« sollten die Brückenspringer verzichten. Bei eventuell nicht wirklich ausreichender Wassertiefe kann das lebensgefährlich sein.

Aufgetaucht nach dem Dreiersprung von der Brücke

Brückenspringer in Dahme

VON FEHMARN BIS ZUR KIELER FÖRDE

Die Fehmarnsundbrücke

Die Fehmeraner nennen die Fehmarnsundbrücke scherzhaft, aber treffend den »größten Kleiderbügel der Welt«. In der Bezeichnung schwingt Stolz mit, auf »ihre« Brücke. Durchaus zu Recht. Elegant und harmonisch wirkt dieses Brückenbauwerk. Seit 1963 verbindet die Brücke das schleswig-holsteinische Festland mit der Insel Fehmarn. 1350 Meter ist der Fehmarnsund an dieser Stelle breit.

Eine Brücke über die Ostsee?

Die Regierungen in Kopenhagen und Berlin haben es beschlossen: Über den Fehmarnbelt wird eine Brücke gebaut - im Prinzip jedenfalls. Dann könnte der Autoverkehr von Dänemark nach Kontinentaleuropa ohne jede Unterbrechung rollen. Umgekehrt auch. Und via Seeland-Malmö-Brücke direkt weiter nach/von Schweden. Es wäre die erste Brücke quer über die Ostsee, quer zum vielbefahrenen Schiffahrtsweg.

Auf Fehmarn ist man von dieser Brückenplanung überhaupt nicht begeistert. Die Fehmaraner fürchten, ihre schöne Urlaubsinsel könnte zu einer Art riesengroßem Brückenpfeiler mutieren. Auch viele Dänemark-Reisende schätzen die gemütliche, entspannende Fährüberfahrt über den Belt von Puttgarden auf Fehmarn nach Rødbyhavn auf Lolland. Ist die 45-Minuten-Tour über den Belt doch eine willkommene Unterbrechung der Autofahrt. Der Fährverkehr funktioniert bestens. Etwa im Halbstundentakt fahren die Fähren auf beiden Seiten ab.

Die Fehmaraner und alle Liebhaber des Fährverkehrs über den Belt können hoffen: Die Finanzierung des Mammutbrückenbauwerks ist noch offen.

Noch fahren die Fähren von Puttgarden auf Fehmarn nach Rødbyhavn auf Lolland

Farben der Küste

Rasengrün der Deich, fast weiß leuchtet der Sandstrand, tiefblau die Ostsee. Darüber das helle Blau des Himmels. Fotografiert an Fehmarns wunderschöner Nordküste.

Am »wilden« Strand

Für Strandlieger sind sie ziemlich ungeeignet, die mit Steinen dichtbepackten, naturbelassenen Strände. Lockermaterial und Steine hat das Meer aus der Küste ausgewaschen. Sand, Erde, kleinere Steine wurden von der See verdriftet. Die großen Brocken, weil zu schwer, blieben liegen.
Sie haben herb-romantischen Charme, diese »wilden« Strände.

Herb-romantischer Naturstrand an der Küste bei Staberhuk, Insel Fehmarn

Camping, Camping

97 VCSH*)-Campingplätze gibt es an der Ostseeküste zwischen Flensburger Förde und Lübecker Bucht und auf Fehmarn. Die bieten zusammen 32.526 (!) Standplätze. Mit 930 Standplätzen*), davon 810 Dauerplätzen und 120 Touristenplätzen, ist der Campingplatz Sütel/Ostsee der größte. Camping Ostseeperle und Camping Strukat, beide in Hohenfelde, sowie Camping Am Deich auf Fehmarn gehören mit jeweils 50 Standplätzen zu den kleinsten. Auf 9 Plätzen gibt es Wintercamping für touristische Gäste. Daß auf manchen Ostseecampingplätzen auch die Anhänger des textillosen Strandvergnügens auf ihre Kosten kommen, versteht sich. In der Broschüre »VCSH-Camping Schleswig-Holstein« werden alle Plätze detailliert vorgestellt.

*) Alle Zahlenangaben vom Autor zusammengestellt unter Verwendung von Angaben in der Broschüre »VCSH-Camping Schleswig-Holstein«, ohne Jahresangabe. Dem Autor zur Verfügung gestellt vom Tourismusverband Schleswig-Holstein im September 2007.

VCSH = Verband der Campingunternehmer Schleswig-Holstein e.V., Kieferweg 14, 23829 Wittenborn.

Camper mögen es gesellig, hier auf einem Campingplatz auf Fehmarn

Jeder Küstenabschnitt ist anders

Die Küste zeigt sich stets im »Dreiklang«: Die Uferlinie des Landes, davor der Strand, dann das Meer. Aber jeder Küstenabschnitt hat seine eigene Szenerie. Schleswig-Holsteins Ostseeküsten - eine unendliche Vielfalt.

Küste südlich von Damp, auf der Halbinsel Schwansen

Küstenmotiv auf Fehmarn

»Kleinstadt-Cocktail«

Heiligenhafen - das ist ein bunter »Kleinstadt-Cocktail«. Unter anderem mit diesen »Zutaten«:

- Lübsches Stadtrecht seit 1305
- 9250 Einwohner - Tendenz leicht steigend
- Kleine Altstadtstraßen mit Flair
- Großer, schöner Marktplatz
- Gotische Backstein-Hallenkirche
- Baumbestandener Kirchhof mit Pastorat und Backsteintor des 18. Jahrhunderts
- Ostseebad/Urlaubsort/Ausflugsziel
- 6800 Gästebetten
- Ostsee-Ferienpark
- Aktiv-Hus im Ostsee-Ferienpark mit 4000 Quadratmeter Freizeit- und Aktionsfläche (Wellnes & Beauty, Saunalandschaft, Meerwasser-Schwimmbecken, Kinderspielwelt, Beachsportarena, Kletterwand, Bogenschießen, Panoramagalerie)
- 4 Kilometer langer, feinsandiger Badestrand
- Bis zu 12 Meter hohe Steilküste
- Lebhafter Fischereihafen
- Kommunaler Handelshafen, ca. 700 Schiffe jährlich

Rund 1300 Liegeplätze bieten die drei Yachthäfen

Blick auf den Fischereihafen

- Größte Hochseeangelflotte Europas mit 12 Kuttern
- 5-Sterne-Yachthafen mit 988 Bootsliegeplätzen, zwei weitere Yachthäfen mit rund 300 Liegeplätzen
- Naturschutzgebiet Graswarder, 229 Hektar groß, mit 40 zum Teil sehr seltenen Vogelarten (Führungen!)
- Heimatmuseum

Diese interessante, bunte Mixtur kommt gut an. Und deshalb:

- Zählt Heiligenhafen jährlich rund 60.000 Urlaubsgäste
- Werden 450.000 Übernachtungen registriert
- Machen hier 12.000 bis 14.000 Reisemobile Station
- Kommen rund 13.000 Gastlieger (Segel-/Motoryachten) in die Yachthäfen
- Starten rund 65.000 Petrijünger mit hiesigen Kuttern zum Hochseeangeln/Meeresfischen
- Ist die Anzahl der Tagesbesucher unzählbar
- Partizipieren 60 % des Einzelhandels ausschließlich von Urlaubsgästen/Tagestouristen*)

*) Vorstehende Zahlenangaben übermittelt vom Tourismus-Service Heiligenhafen mit Schreiben vom 8. November 2007.

Der auf 1587 datierte »Alte Salzspeicher« mit vorkragendem Obergeschoß in der Straße Kattsund. Heute Gaststätte

Dänisch geprägt

Der blendenverzierte obere Teil des Stufengiebelturms der Heiligenhafener Kirche ist »herausragend«. Im eigentlichen Sinne des Wortes. Und deshalb stets weit zu sehen, von Land und von See. Dieser obere Turmteil stammt aus den Jahren 1636/37. Er ist typisch »dänischer Art«. Das gilt zum Teil auch für Altstadtbauten. Touristikleiter Oliver Behncke schreibt:*)

»Aufgrund der mehrmaligen Besetzung durch Dänemark ist die Architektur Heiligenhafens in der Altstadt dänisch geprägt. Heiligenhafen wurde letzendlich erst 1864 von der Dänenherrschaft befreit.«

*) Brief an den Autor vom 8. November 2007.

Blick vom Rastplatz an der Europastraße E 47 auf den Stufengiebelturm der Heiligenhafener Kirche und auf die Ostsee

Wo der Nehrungshaken wächst

Steinwarder und Graswarder vor Heiligenhafen. Die Geologen erklären dieses Meeres-Naturereignis so:*) »*Die Warder bauen eine aus Sanden und Kiesen bestehende, langgestreckte Landzunge auf, die eine Meeresbucht vom offenen Meer abschneidet. Die an den Umbiegestellen auftretenden spornartigen Haken sind Embryonalformen der Nehrung.*«

Genaugenommen sind es ja nicht die Warder selbst, die etwas »aufbauen«, sondern die Meeresströmungen. Weil Wind aus Westen vorherrscht, wird Material aus dieser Richtung kommend herantransportiert. Der Knick im Küstenverlauf, an der Nordspitze knapp nordwestlich von Heiligenhafen, sorgt für Abbremsung, die mitgeführten Kiese und Sände werden dadurch nach und nach abgelagert. Schweres Material zuerst, leichtes danach. Der Nehrungshaken entsteht, weiter und weiter nach Osten wachsend. Die schmale Ostseebucht wird dadurch langsam, aber stetig abgetrennt, wird zum Binnensee. So sorgt die Natur für einen ausgeglicheneren Küstenverlauf. Daher der Begriff: Ausgleichsküste.

Die Meeresströmungen müssen, soll es weiterhin klappen mit dem Aufbau des Nehrungshakens, mit Kies und Sand ausreichend versorgt werden. Die Steilküste, die sich von der Heiligenhafener Küstennordspitze etwa 12 Kilometer lang nach Westen/Südwesten erstreckt, betätigt sich als Materiallieferant. Hochauflaufende Wellen, Frost und Schneeschmelze, Regen, Quell- und Sickerwasser sorgen an der Steilküste für Abbrüche und Auswaschungen. Das Material wird ins Meer gespült. Die »Verfrachtung« Richtung Osten kann beginnen. Natur hat unendlich viel Zeit. So geschah und geschieht das Wachsen der Nehrungshaken langsam. Der Warder vor Heiligenhafen existiert, in sich ändernder, wei-

Am Strand von Heiligenhafen wächst ein neuer Nehrungshaken

ter wachsender Form (mindestens) seit Jahrhunderten. Irgendwann, vor langer Zeit, ist der Nehrungshaken durch eine Sturmflut in der Mitte durchgebrochen, der östliche Abschnitt wurde zur Insel. Und dann sind beide Teile wieder zusammengewachsen. Im Jahre 1958 soll die »Wiedervereinigung« erfolgt sein.

Über die Bucht und den bereits entstandenen ersten Binnensee hinweg ist per Straßendamm der Nehrungshaken zu erreichen. Steinwarder heißt der westliche, Graswarder der östliche Teil. Die Sandablagerungen zur Seeseite sind wunderbare Strände. Und für das Ostseebad Heiligenhafen ein Trumpf für herrliches Ostsee-Badeleben. Große Teile des Graswarders sind Naturschutzgebiet. Mit einer vielfältigen Seevogelwelt. Und mit Pflanzen, die woanders selten geworden oder bereits ganz verschwunden sind.

*) Zitat aus: »Erläuterungen zur Karte der geowissenschaftlich schützenswerten Objekte in Schleswig-Holstein.« Herausgegeben vom Geologischen Landesamt Schleswig-Holstein. 1993.

Stranddistel auf dem Graswarder. Die selten gewordene Pflanze steht unter Naturschutz

Der Hafen der Slawen

Luftlinie gerechnet sind es von Oldenburg bis zur Küste fünf Kilometer. Kein schiffbarer Fluß, kein Kanal führt dahin. Und einen aktiven Hafen gibt es auch nicht. Kurzum: Oldenburg in Holstein liegt zwar nahe an der Ostsee, aber nicht dicht genug, um Hafenstadt zu sein.

Das war vor Zeiten anders, vom 7. bis zum 12. Jahrhundert. Damals hieß die Siedlung STARIGARD und war Fürstensitz der Wagrier, eines Teilstammes der slawischen Abodriten. STARIGARD bedeutet ›Alte Burg‹ , woraus dann der heutige Stadtname Oldenburg entstand. Zur Slawenzeit soll – nach Informationsunterlagen des Museumshofes Oldenburg – STARIGARD/Oldenburg eine bedeutende Handels- und Seestadt der westlichen Ostsee gewesen sein. Und Friedrich Aug. Dörfer schreibt:*) »*Wichtig war der Handel, der durch ihre Lage an einem Busen der Ostsee (der Binnen- oder Westerkersee, welcher sich bis an die Stadt erstreckte, aber im Fortgange der Zeit durch Versandung unfahrbar wurde) begünstigt ward.*«

Blick auf die »Slawische Hafenanlage« von Oldenburg in Holstein

Detail am eingerollten Segel und am Mast der »STARIGARD«

Den Starigarder Seefahrtszeiten des 7. bis 12. Jahrhunderts ist mit der Rekonstruktion einer »Slawischen Hafenanlage« am und auf dem Wallsee im Rahmen des Museumshofes Oldenburg eine anschauliche Stätte der Erinnerung errichtet worden. Geschichte zum Anfassen! Zur »Slawi-

10,70 Meter lang, 2,98 Meter breit. Der Mast ist 8,00 Meter hoch und das Segel 30 Quadratmeter groß. Das Schiff hat eine Ladefähigkeit von 500 Kilogramm und dabei einen Tiefgang von etwa 65 Zentimeter.**)
Der Nachbau eines slawischen Einbaums sowie das Wikingerboot »RATATOSKR« sind weitere Dauerlieger im slawischen Hafen auf dem Wallsee. Nach Erkenntnissen der Wolliner Ausgrabungen hat die »Stiftung Oldenburger Wall e.V.« im Jahre 1995 außerdem einen Anlegesteg mit zwei Lagerhäusern errichten lassen. Komplettiert wird die Hafenanlage durch den »Naust«, das Bootshaus.

*) In seiner »Topographie des Herzogthums Holstein ...«, 4. Auflage, 1824.

**) Angaben nach der Infoschrift »Begegnung mit der Vergangenheit«, herausgegeben vom Museumshof Oldenburg in Holstein. Ohne Jahresangabe.

Die »STARIGARD«, Original-Nachbau eines slawischen Handelsschiffes aus dem 9. Jahrhundert

schen Hafenanlage« gehört eine entsprechende Ausstattung.
Flaggschiff ist die »STARIGARD«, der Original-Nachbau eines slawischen Handelsschiffes aus dem 9. Jahrhundert. Vorbild dieses historisch genauen und seetüchtigen Nachbaues waren das 1978 in der Eckernförder Bucht ausgegrabene slawische Schiffsfragment sowie wissenschaftliche und bootsbautechnische Erkenntnisse aus entsprechenden Schiffsausgrabungen in Ohra bei Danzig, in Ralswiek auf Rügen und bei Wollin. Gefertigt wurde die »STARIGARD« aus einer vorbildgetreuen, speziellen Eichenholzart aus dem Odergebiet. Über 3200 handgeschnitzte Holzdübel verbinden Planken und Spanten. Wie in den historischen Vorbildern wurde kein einziges Stück Eisen verarbeitet. Die »STARIGARD« ist

HEIDI
HOH106

Boote auf Hohwachter Reede

Ostseebad Hohwacht früh morgens an einem Sommertag. Noch steht die Sonne tief, ihre Strahlen lassen das Wasser der Bucht glitzern. Die auf Reede liegenden Boote wirken wie stimmungsvolle Scherenschnitte. Der Blick von der Seebrükke geht bis zum sonnenhellen Horizont.

Kräftiger Ostwind

Stabile Hochdruckwetterlage. Mit auflandigem Wind aus Ost. Dann ist blauer Himmel garantiert. Ist der Ostwind kräftig, zeigen die Wellen weiße Schaumköpfe. Das sind dann besonders stimmungsvolle Ostseebilder.

Hohwacht im September

Ein sonniger Tag im September. Der Blick von der Höhe der Steilküste auf den Hohwachter Strand zeigt es deutlich: Die Badesaison ist vorbei. Aber erholsame Meeresbrise läßt sich auch auf den Bänken an der Promenade genießen. Und der Cappuccino schmeckt an einem Tag wie diesem noch immer draußen.

Links:
Blick von der Steilküste auf den Hohwachter Strand, Ende September

Noch sitzt man gern draußen

Relaxen auf der Promenade

»Die Lippe«

Zwischen Hohwacht und Behrensdorf liegt Lippe, »die Lippe«, wie allgemein gesagt wird. Sie - »die Lippe« - ist ein schmaler Landstreifen, der den Großen Binnensee von der Ostsee trennt. Um 1900 standen hier, in einer damals abseitig-einsamen Gegend, vier Fischerkaten. Lange zuvor soll ein ganzes Dorf gleichen Namens existiert haben, deren Bewohner vor allem Fischfang und Fischräucherei betrieben. Die Ostsee hat sich aber von dem hier niedrig liegenden, früher ungeschützten Land nach und nach Stück für Stück geholt. Im Jahr 1872 gab es dann durch die schlimmste, verheerendste Ostseesturmflut große Schäden und Verluste.

Ein schützender Deich mußte endlich her. Dafür fühlte sich zu jener Zeit nicht der (preußische) Staat zuständig. Die Gutsbesitzer von Waterneversdorf und Neudorf, anteilige Besitzer des betroffenen Landes, ließen den Deich bauen, einschließlich der Schleuse zum Großen Binnensee.

Heute hat sich - trotz eines inzwischen entstandenen Freizeithafens für Segel- und Motorboote und trotz eines Campingplatzes hinter dem Deich - »die Lippe« noch viel Ursprüngliches, Ostsee-Naturhaftes bewahrt, liegt sie nach wie vor ein wenig abseits der großen Straßen. Fischerboote mit dem Registrierkennzeichen »LIP« (für Lippe) haben wie früher im Hafen festgemacht.

Fischkutter im Hafen Lippe

LIP 8A
LIP 8

Von der Meeresbucht zum Binnensee

Vor langen Zeiten war der heutige Kleine Binnensee bei Behrensdorf eine Ostseebucht. Die nach und nach vom Meer durch küstenparallel herantransportiertes und dann abgelagertes Material von der offenen See abgetrennt wurde. Materiallieferant war hauptsächlich die Todendorfer Steilküste. Am benachbarten Großen Binnensee – ebenfalls vormals eine Ostseebucht – haben wissenschaftliche Untersuchungen in den 1970er Jahren ergeben, daß die Abschottung von der See in der Zeit zwischen 500 v. Chr. und 1500 v. Chr. erfolgte. Derselbe Zeitraum ist auch für den Kleinen Binnensee anzunehmen. Eventuell auch noch etwas früher, meint Professor Sterr von der Kieler Christian-Albrechts-Universität. Weil der Materiallieferant Todendorfer Steilküste näher liegt. Sturmhochwasser haben das an der Küste abgelagerte Sand- und Geröllmaterial zu Strandwällen aufgeschichtet. Sie sorgten endgül-

Wildgänse über dem Naturschutzgebiet Kleiner Binnensee

Strandwall an der Küste bei Behrensdorf

tig für die Abriegelung der Meeresbucht - der Kleine Binnensee war entstanden. Der Strandwall vor dem Kleinen Binnensee ist besonders beeindruckend. Weil er überwiegend aus gröberen Steinen besteht. Sehr heftige Stürme aus Ost mit kräftigem Sturmhochwasser müssen dafür am Werk gewesen sein.

Strandwallmotiv

352

Sommerabschied

Es war ein schöner, langer, sonniger Sommer, mit Badewetter bis in den September. Aber jetzt, an diesem Oktobertag, warten am Schönberger Strand die letzten drei Strandkörbe auf den Abtransport ins Winterquartier. Man spürt ein wenig Wehmut, ob des endgültigen Sommerabschieds - für dieses Jahr.

Kalifornien, Brasilien

Sie möchten mal nach Kalifornien? Kein Problem! Oder doch lieber nach Brasilien? Ebenfalls kein Problem! Es ist auch nicht erforderlich, deshalb über den Atlantik zu fliegen. Besuchen Sie doch einfach die Gemeinde Schönberg in der Probstei, an der Kieler Bucht. Dort gibt es den Ortsteil Kalifornien, direkt an der Küste, mit wunderbarem, langem Sandstrand. Und daneben den Ortsteil Brasilien, auch mit feinem, weißem Strand.
Wie es zu diesen Namen kam? Vor Zeiten soll hier am Strand ein Fischer eine angeschwemmte Holzplanke gefunden haben mit der Beschriftung »Kalifornien«. Der Fischer nagelte die Planke an sein Haus, nannte es fortan Kalifornien. Was der kann, kann ich auch, meinte ein anderer Fischer, einige 100 Meter von Kalifornien entfernt. Er nannte sein Anwesen Brasilien.
Bei diesen Namen ist es geblieben, auch als sich hier nach und nach Siedlungen entwickelten. Und inzwischen sind Kalifornien und Brasilien amtliche Bezeichnungen.

Hier an einem der Strandzugänge in Brasilien weht sogar die brasilianische Flagge. Kleine (Plastik-)Palmen und (Plastik-)Kakteen flankieren den Weg

Fragile, schöne Dünenwelt

Der weitgehend steinfreie und vegetationslose Sandstrand ist abgetrocknet. Der Wind weht in genügender Stärke auflandig. Knapp über dem Boden stiebt Sand dahin. Trifft er, etwas höher am Strand, auf Widerstand - zum Beispiel durch Strandhaferhorste oder aufgestellte Sandfangzäune - wird die Transportkraft des Windes abgebremst. Ein Teil des Sandes wird abgelagert. Es bilden sich erste Sandbuckel, auf die in der Folge weiter Sand aufgeweht und abgelagert wird. So entstehen Dünen. Wie jene bei Bottsand, außerhalb des Naturschutzgebietes, am Strand in Richtung Heidkate.

Besonders im Herbst und Winter, wenn der sommerliche Strandtrubel vorbei ist und Ruhe herrscht an der Küste, genießt der Naturfreund die fragile Schönheit der Dünenwelt.
Die allerdings auch permanent bedroht ist. Wenn bei Oststurm oder gar Orkan das Meer mit hohem, starkem Wellenschlag über den Strand bis an die Dünenkette aufläuft. Dann werden Sandberge ausgewaschen, der Sand wieder ins Meer zurücktransportiert.

Dünen bei Bottsand

Verschüttet – und doch am Leben

Die Robustheit dieser Pflanze ist ohnegleichen. Wird sie vom aufgewehten Dünensand verschüttet, durchwächst sie die aufliegende Sandschicht, bildet neue Wurzelwerk-Stockwerke. Ist es anhaltend trocken, rollt sie ihre ohnehin schmalen grau-grünen Blätter ein, verringert dadurch die Verdunstung. Sie trotzt jedem Sturm problemlos. Und sie gedeiht prächtig auf reinem Strandsand, also auf für Pflanzen doch nahrungsarmem Boden.

Die Rede ist vom Strandhafer. Mit seinen tiefreichenden und weitverzweigten Wurzeln verfestigt er Sand- und Dünenboden der Küste. Außerdem verfängt sich treibender Sand in seinen Blatthorsten.

Strandhafer ist eine Naturpflanze, wird aber zum Dünenschutz auch angepflanzt.

Strandhafer im Dünengelände bei Bottsand

Der Bottsand

Der Bottsand, ausgangs der Kieler Förde zwischen Stein und Heidkate und parallel zum Küstenverlauf gelegen, ist ein Nehrungshaken, der sich zur Halbinsel entwickelt hat. Die Geschichte des Bottsandes begann - nach NABU - vor etwa 150 Jahren am Ende eines vom Schönberger Strand nach Westen auffächernden fossilen Strandwallsystems. Zitat NABU*): »*Durch Abtrag im Küstenvorfeld und küstenparallelem Transport dieses Materials vor allem bei Stürmen im Winterhalbjahr bildete sich am Küstenvorsprung (...) als jüngstes Anlandungsgebiet der erste nach Südwest abknickende Haken des Bottsandes. Begünstigt durch den Bau des Wendtorfer Deiches (1880-1882) (...) wuchs der Bottsand durch die Bildung neuer Haken (...) weiter.*«

1939 wird die Größe des Bottsandes mit 15 Hektar angegeben. Im Jahr 1987, einschließlich seiner Wasserflächen, mit 91 Hektar. Weiterwachsen kann der Nehrungshaken Bottsand nicht mehr. Der Bau einer Findlingsmole an der Einfahrt zur Marina Wendtorf machte diesem Naturprozeß leider ein Ende.

Die Strandaster bevorzugt als Standort Uferkanten an Salzwiesen. Wie hier auf Bottsand. Vom Deichfuß aus gut zu betrachten

Der Bottsand mit seinen Dünen, Strandwällen, Trockenrasen, Salzwiesen, Brackwasserröhrichten und der Flachwasserlagune steht - mit Ausnahme eines schmalen, kurzen Strandabschnittes ausschließlich für FKK-Anhänger - unter Naturschutz. Es besteht ganzjährig Betretungsverbot. So ist der Bottsand, betreut von NABU, ein Paradies, ein weitgehend ungestörtes Rückzugsgebiet für Pflanzen und Vögel. Und besonders im Herbst ist dieses Naturschutzgebiet außerdem (Zitat NABU) »... *für Zug- und Rastvögel Tankstelle auf dem Vogelzug«.*
Vom Deich läßt sich hineinsehen auf den Bottsand. Fernglas ist hilfreich. Und da Vögel sich auch gleich neben dem Naturschutzgebiet tummeln, ist die »Begegnung« mit Alpenstrandläufern im September am Strand ein Erlebnis.

*) Aus dem Flyer: »NABU. Naturschutzgebiet Bottsand.« Text: Dr. Henning Behmann.

Reiches Vogelleben auf der Lagune. Im Hintergrund das NABU-Vogelwärterhäuschen

Alpenstrandläufer als »Durchzieher« im September auf Futtersuche am Strand

Hafen Laboe - Maritimes pur

Das Marineehrenmal hat Laboe weltbekannt gemacht. Aber Laboe ist nicht nur das Ehrenmal. Schließlich war die Gemeinde am bevorzugten Punkt der Kieler Förde - dort wo's in die offene See geht - schon bekanntes, beliebtes Ostseebad, lange bevor der berühmte Turm des Ehrenmals gebaut wurde.

Daran hat sich nichts geändert. Urlauber und Tagesgäste schätzen den feinkörnigen, weißen Strand, die lange Promenade, das klare Wasser, die vorgelagerten Sandbänke, die frische Luft, die Segler und Schiffe auf der Förde, das Meerwasserhallenbad. Und ganz besonders den Yacht- und Fischereihafen mit seinen bunten, maritimen Bildern.

Maritime Bilder im Hafen Laboe

Marineehrenmal Laboe

Er gehört zu den markantesten, eindrucksvollsten, architektonisch gelungensten Turmbauten der Welt: der Turm des Marineehrenmals Laboe, eingangs der Kieler Förde. Und er ist weltbekannt. 1929 wurde der Turm errichtet, in einer Bauzeit von nur 101 Tagen. Das Gesamtbauwerk, bestehend aus Turm, dem Ehrenhof und Ehrenhalle, ist Gedenkstätte für die auf See Gebliebenen aller Nationen und Mahnmal für eine friedliche Seefahrt auf den Meeren. Eigentümer ist der Deutsche Marinebund e.V.

Turm des Marineehrenmals Laboe

Der Blick vom Turm

In 60 und 85 Meter über Meeresspiegelhöhe befinden sich die beiden Aussichtsbalkone im Turm des Laboer Ehrenmals. Der Ausblick von oben ist großartig. Zu sehen gibt es: Den Schiffsverkehr auf der Förde. Das Ostseebad Laboe und die Förde Richtung Kiel. Die Strandkorbparade auf dem Laboer Kurstrand. Und zur anderen Seite die von Knicks »eingeteilte« Landschaft der Probstei.

Gesehen vom Aussichtsbalkon des Laboer Ehrenmals: Schiffsverkehr auf der Förde

Blick auf das Ostseebad Laboe mit einem Teil des Strandes. Im Hintergrund der Hafen und die Kieler Förde

Die von den typischen Knicks »eingeteilte« Probstei

SCHIFFE, WERFTEN UND KANÄLE

Ostseekreuzfahrten liegen voll im Trend

Die »ASTOR«, ein stilvoller Klassiker unter den Kreuzfahrtschiffen, am Ostseekai in Kiel. Um maximal 590 Passagiere kümmert sich eine Crew von 260 Personen. Die »ASTOR« wurde 1986 auf der Kieler Werft HDW gebaut

Die »ASTOR« im Detail

Es ist höchstens zwei Jahrzehnte her, da war »Auf-Kreuzfahrt-Gehen« ein Vergnügen nur für Gutbetuchte. Mit dem Flair des absolut Exklusiven. Zum obligatorischen »Käpt'ns Dinner« war man hoch-festlich gekleidet, trug edlen Zwirn. Und Schmuck der Sorte teuer. Kreuzfahrtziele, das waren damals vor allem die Karibik, das »klassische« Mittelmeer und gelegentlich Norwegens Fjorde.

Heute ist Kreuzfahrt im großen Kanon der verschiedenen Urlaubsarten eine Möglichkeit neben den anderen. Erschwinglich auch für Otto-Normal-Verdiener. »Auf-Kreuzfahrt-Gehen« boomt. In den letzten Jahren haben die internationalen Kreuzfahrtreedereien verstärkt die Ostsee entdeckt. Im Sommerhalbjahr ist das Meer zwischen Kiel und St. Petersburg, zwischen Helsinki und Kopenhagen, zwischen Lübeck, Warnemünde und Visby »gesprenkelt« voll mit Kreuzfahrtschiffen.

Reeder und Reiseanbieter haben erkannt, daß die Ostsee hochinteressante Anlaufziele bietet. Und die verhältnismäßig kurzen Strecken sparen Zeit und Kosten. Um der noch weiter steigenden Nachfrage gerecht zu werden, haben Hafenstädte ihre Kaianlagen und Terminals ausgebaut. Und die Reeder lassen noch größere Schiffe bauen, mit einem »Fassungsvermögen« von 3000 Passagieren.

Im Jahr 2007 war Kiel Deutschlands Kreuzfahrthafen Nr. 1. 115mal machten in dem Jahr Kreuzfahrtschiffe in der schleswig-holsteinischen Landeshauptstadt fest. Unter anderem mit so bekannten Schiffen wie der »EUROPA«, der »ASTOR« und »ASTORIA«, der »COSTA CLASSICA«, der »ARIELLE«, der »DELPHIN VOYAGER«, der »MSC LIRICA« und der »MSC OPERA«, der »NORWEGIAN DREAM«, der »DEUTSCHLAND«, der »HANSEATIC«, der »AIDADIVA«, der »OCEAN MAJESTY«, der »VISTAMAR«.

Die Schiffsanmeldungen in Kiel und Lübeck für 2008 machen es deutlich: der Ostsee-Kreuzfahrten-Boom hält an. Tendenz: weiter steigend.

Die 194 Meter lange »Arielle« am Terminal in Kiel

Zum Beispiel »MSC OPERA«

Weiß ist nobel, weiß signalisiert Eleganz. Folglich ist die »MSC OPERA« ein weißes Schiff - wie fast alle Kreuzfahrer. Gebaut wurde die »OPERA« im Jahr 2004. Sie ist 251,25 Meter lang*), 28,8 Meter breit, hat 9 Decks, 9 Aufzüge. Ihre Geschwindigkeit wird mit 21 Knoten angegeben. Für Nicht-Seeleute: 21 Knoten sind gleich 21 Seemeilen pro Stunde, gleich 38,89 Kilometer/Stunde. Das Schiff fährt unter der Flagge von Panama. 740 Besatzungsmitglieder. Die 1712 Passagiere können nach Wahl an Bord wie folgt wohnen: 28 Suiten mit Balkon, 172 Außenkabinen mit Balkon, 295 Außenkabinen ohne Balkon, 395 Innenkabinen. Alle Kabinen verfügen über Satelliten-TV, Radio, Minibar. 24-Stunden-Kabinenservice ist selbstverständlich. Auch sonst soll es den Passagieren an Bord an nichts fehlen. Dafür sind unter anderem vorhanden: 2 Restaurants, Pizzeria, Grill, 1 Pianobar, 7 Bars, 1 Pub, 1 Music Hall, Internetbereich, Diskothek, Kasino, Ladengalerie, 2 Swimmingpools, Virtual Zentrum, Fitnessraum, Sauna, großer Wellness- und Spa-Bereich, 2 Whirlpools, Kinderclub, 2 Kinderpools, Arzt/Hospital, internationales Showprogramm.

Von jeweils Ende April bis September ist die »MSC OPERA« - wie auch die gleichgroße »MSC LIRICA« - auf Kreuzfahrt in der Ostsee und hinauf in norwegische Gewässer unterwegs. Start- und Endhafen ist jeweils Kiel. Die verschiedenen Fahrten - unter den Namen wie »Metropolen der Ostsee« und »Zauber des Nordens« - führen unter anderem nach Kopenhagen, Visby, Stockholm, Helsinki, St. Petersburg, Bergen, Stavanger und Oslo.

*) Alle Angaben zu Größe und Ausstattung der »MSC OPERA« sowie zu den Zielhäfen der Kreuzfahrten entnommen aus Infobroschüre »MSC- Kreuzfahrten-Vorprogramm 2007/2008« und der Infobroschüre »MSC Kreuzfahrten April-September 2008/Faszinierender Norden«.

Die »MSC OPERA« am Ostseekai in Kiel

Containerschiffe

Verpackt in unterschiedlich großen Kisten, Säcken, Fässern, Bündeln, Ballen - so sah früher die Ladung der sogenannten Stückgutfrachter aus. Laden und Löschen war mühevoll, zeitaufwendig. In den Häfen war es Aufgabe der Schauerleute. An Bord hatte in der Regel der 3. Offizier die Verantwortung für sicheres Stauen der unterschiedlichen Frachtstücke. Dann kam der Container, alles wurde anders, an Bord und im Hafen. Als »Erfinder« des Containerverkehrs mit Schiffen wird der Amerikaner Malcolm P. McLean genannt. Sein erstes Containerschiff, die »IDEAL X«, ein umgebauter Tanker, verließ am 26. April 1956 mit 58 Containern an Bord den Hafen von Newark, New Jersey, Kurs Houston, Texas.
Aber es dauerte noch 10 Jahre, bis am 2. Mai 1966 das erste Containerschiff nach Europa, nach Rotterdam, kam. Seither veränderte der Container den Seeverkehr total. Container werden nicht nur in den Laderäumen, sondern auch auf Deck hoch gestapelt. Die Brücke der Schiffe »rutschte« immer weiter nach oben, um noch den Blick über die hohe Container-Deckfracht zu ermöglichen. In den Häfen bestimmen hochmoderne Containerterminals das Bild. Container werden in den Häfen nicht umgepackt, sondern »im Ganzen« auf dem Landweg weitertransportiert.
Mitte der 1960er Jahre wurden internationale Standardmaße für Container festgelegt: Twenty Foot Equivalent Unit (TEU). Gängig sind heute die Größen 20 x 8 Fuß und 40 x 8 Fuß. Fuß gleich (englisch/amerikanisch) foot. 1 foot = 12 inches = 0,3048 Meter.
Hochbepackte Containerschiffe bestimmen ganz wesentlich auch das Bild im Nord-Ostsee-Kanal und auf der Ostsee. Vielfach sind es sogenannte Feeder-Schiffe, »Zubringer«, die Container in den Nordseehäfen (Hamburg, Bremerhaven, Rotterdam) von größeren Überseeschiffen übernehmen und in die Anrainerstaaten der Ostsee transportieren. Und umgekehrt, Containerfracht von dort in die Nordseehäfen bringen.

Containerschiff auf der Ostsee, Kurs Nord-Ostsee-Kanal

Taue, Tampen, Trossen

High-Tech in vielfältiger Form ist in der Handels- und Sportschiffahrt längst selbstverständlich. Aber ohne Taue, Tampen*), Trossen geht es nicht, wie seit »ewigen Zeiten«. Sei es für die Schot im »Opti«, der kleinsten Jugendsegeljolle. Sei es für die dicken Festmachertrossen der großen Ostseefähren und Kreuzfahrtschiffe.
Nur pur aus Hanf, auf langen Reeperbahnen**) handwerklich zusammengedreht, ist das Tauwerk heute nicht mehr. Kunststoff oder auch Metallbestandteile sind, je nach Verwendungszweck, die Regel.
Für Sehleute auf Brücken, Stegen und Kais in den großen und kleinen Häfen unserer schleswig-holsteinischen Ostseeküste lohnt dieser Foto-/Film-Motivtip: Taue, Tampen, Trossen, Leinen.

*) Tampen = Ende eines Taues.
**) Reep, niederdeutsch/plattdeutsch für Tau, Seil.

Tauwerk – beschrieben 1767

»Tau, in der Seefahrt, ein Seil, das auf dem Schiffe gebrauchet wird. Sie sind von mancherley Länge und Dicke, nach ihrem mancherley Gebrauche, werden durchgehends von Hanfe, zuweilen auch und an einigen Orten von Baumwolle, Seide, Haaren, Bast von Bäumen (...) gemacht, müssen in ihrem rechten Maaße gedrehet, und hernach geteeret werden. Wenn man ein Tau probieren will, ob es von gutem Zeuge gearbeitet sey, so lege man es, wenn es geteeret ist, in Meerwasser. Ist der Zeug gut, so wird es fester davon, wo nicht, so wird es morsch und bricht leicht. Das Tauwerk eine Schiffes ist mancherley, und dienet, die Masten zu halten, die Segel aufzuziehen, nieder zu lassen, zu wenden, einzunehmen u.d.g., das Schiff zu ziehen, anzulegen usw. und ein jedes solcher Taue hat seine besondere Benennung, die den Schiffsleuten bekannt seyn muß.«

(Aus: » Johann Theodor Jablonskies Allgemeines Lexicon der Künste und Wissenschaften ...«. In der Ausgabe von 1767)

Schiffe im Detail

Ob für Urlauber oder Einheimische - Schiffe begucken gehört immer und immer wieder zu jedem gemütlichen Hafenbummel. In Neustadt, Lübeck oder Heiligenhafen, in Kiel, Laboe und Eckernförde, in Kappeln und Flensburg. Und in allen anderen, den kleineren Häfen auch. Interessant ist es, Schiffe, Yachten und Boote nicht nur insgesamt, sondern auch im Detail zu betrachten.

Schiffe im Detail

Galionsfigur

In Schiffahrtsmuseen, zum Teil auch in Heimatmuseen von Hafenstädten, sind stets einige Exemplare zu bewundern: Galionsfiguren. Im heutigen realen Schiffahrtsleben aber sind sie selten geworden, zieren nur noch wenige Oldtimer-Holzschiffe.

Schönes altes Segelschiff mit Galionsfigur am Steg in Heiligenhafen

In früheren Zeiten waren diese geschnitzten und buntbemalten Holzfiguren üblicher Schmuck am Vordersteven der Holzschiffe. Im 16. Jahrhundert dominierten Löwenbildnisse, später menschliche Figuren, bevorzugt Frauen, gern auch »oben ohne«. Als im 19. Jahrhundert der Eisenschiffbau begann, der Holzschiffbau nach und nach zu Ende ging, endete auch die »große Zeit« der Galionsfiguren.

Ursprünglich war die Galionsfigur tatsächlich die Figur an der Galion eines Schiffes. Daher die Bezeichnung Galionsfigur. Meyers Großes Taschenlexikon (Ausgabe 1983) erläutert Galion als »*verstärkter Vorbau am Bug alter Schiffe ...*«. Und in Johann Theodor Jablonskies »Allgemeines Lexicon der Künste und Wissenschaften« der Ausgabe aus dem Jahr 1767 heißt es: » *... ist Galion des Schiffs Schnabel (...), worinnen die Soldaten und Matrosen ihren Abtritt nehmen, und die Gefangenen geschlossen liegen. Es besteht aus vielen Hölzern, welche einen Theil eines Zirkels machen, und sich vorn zusammenfügen.*«

Galionsfigur am Vordersteven. Gesehen in Eckernförde

»See-Straßenschilder«

Frei ist die See. Nun ja, so richtig frei auch wieder nicht. Da gibt es Schiffahrtszwangswege, Sperrgebiete, Untiefen, Ansteuerungspunkte, Fahrwasservorschriften, Wrackstellen und dergleichen mehr.

Besonders in den küstennahen Bereichen, in den Förden und Ostseebuchten, sind deshalb »See-Straßenschilder« aufgestellt. Die heißen »Tonnen«, und es sind auch solche. Je nach Zweck und Bedeutung sehen sie verschieden aus und haben unterschiedliche Bezeichnungen. Seefahrende Mitbürger, vom Fährschiffkapitän bis zum Segelbootführer, müssen sich damit auskennen. Für die übrige Menschheit sind solche Tonnen markante, schöne Farbtupfer. So eine Art Ostseewasserdekoration.

Von links:
Fahrwasser-Leuchttonne Kieler Förde 8. Für einlaufende Schiffe befinden sich die roten Tonnen auf Backbordseite (links). Die Tonnen tragen gerade Nummern. Die Tonne ist bereits auf Solarbetrieb umgerüstet
Fahrwasser-Leuchttonne Kieler Förde 3. Die grünen Tonnen mit ungeraden Nummern befinden sich für einlaufende Schiffe auf Steuerbordseite (rechts). Diese Tonne ist (zum Zeitpunkt des Fotos: August 2007) noch nicht auf Solar umgerüstet, sondern wird mit Propangas »befeuert«.
Solarbefeuerte Leuchttonne. Eine Warntonne vor Möltenort. Hier ist ein Meßgerät ausgelegt

Die Sache mit den Tonnen

Bernd Simoneit erklärt des »Innenleben« eines solarbetriebenen Leuchttonnenaufsatzes

Diplom-Ingenieur Jens Feiertag ist Leiter des Außenbezirks Kiel des Wasser- und Schiffahrtsamtes Lübeck. Und damit auch »Chef« des Tonnenhofes in Kiel-Holtenau. Über Tonnen, präzise: Fahrwassertonnen, kann man hier alles erfahren. Zum Beispiel, daß einige der bis zu 120 Zentner schweren, eisernen Tonnen bereits 50 bis 60 Jahre alt und doch noch »gut in Schuß« sind. *»Deutsche Wertarbeit, diese Tonnen«*, meint der Gast. Jens Feiertag nickt. *»Und stets bestens gepflegt.«* Der »Chef der Tonnen« lächelt. Für Tonnenpflege sind er und seine 90 Mitarbeiterinnen und Mitarbeiter einschließlich der Besatzungen der »SCHARHÖRN« zuständig.*) In der Aufgabenbeschreibung liest sich das so: *»Wartung und Instandhaltung von Fahrwassertonnen, für 175 Leuchttonnen und ca. 200 unbefeuerte Tonnen.«*

Diese Fahrwassertonnen sind ausgebracht auf der Ostsee im Zuständigkeitsbereich des Außenbezirks Kiel des Wasser- und Schiffahrtsamtes Lübeck. Das heißt, von der Flensburger Förde bis zur Hohwachter Bucht (Heiligenhafen). Außerdem im Nord-Ostsee-Kanal bis Rendsburg und auf der Schlei. Die »SCHARHÖRN« überprüft auf See laufend die Funktionsfähigkeit und die exakte Position der Tonnen. Dazu gehört auch die Kettenkontrolle.

Unterteile von Fahrwassertonnen, in der großen Halle des Tonnenhofes in Kiel-Holtenau, frisch lackiert

Bisher wurden Leuchttonnen mit Propangas »befeuert«, jetzt werden sie auf Solar umgerüstet. Propangastonnen mußten durchschnittlich nach 2 bis 2½ Jahren eingeholt werden. Dann war es Zeit für »Gasnachschub«.

»Solar-Leuchttonnen werden wir erst nach 4-5 Jahren einholen müssen, zwecks vollständiger Überprüfung, Reinigung, neuem Farbanstrich«, sagt Jens Feiertag. Der Gast fragt: *»Und was ist, wenn die Sonne nicht scheint, funktioniert die So-*

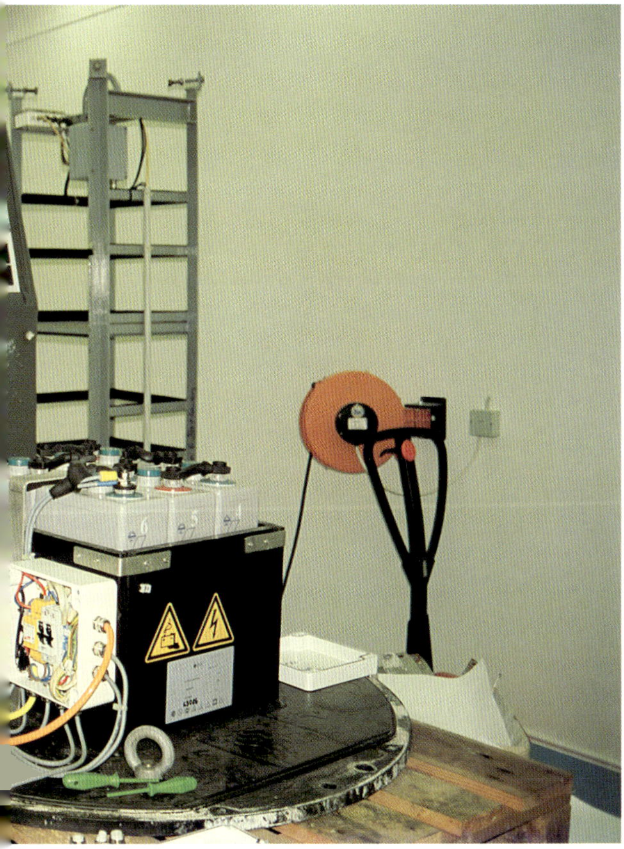

Tonnen, insbesondere wegen der Gefahr der Verdriftung, eingezogen. Sie werden ersetzt durch sehr viel weniger schmale, lange Spierentonnen, sogenannte Wintertonnen. Durch laufende Temperaturmessungen an verschiedenen Standorten in der Ostsee und durch exakt beobachtete Vereisungen weiter östlich und/ oder nördlich unseres Reviers, können wir den Tag des Einziehens der Betonnung bestimmen. Wir haben dann ein Zeitfenster von etwa 14 Tagen, um alle Tonnen einzuziehen bzw. auszutauschen. Sehr knapp. Dann müssen alle ran, zum Teil Tag und Nacht.«

Diplom-Ingenieur Jens Feiertag, Leiter des Außenbezirkes Kiel des Wasser- und Schiffahrtsamtes Lübeck

*) Der Aufgabenkatalog des Außenbezirks Kiel des Wasser- und Schiffahrtsamtes Lübeck mit den 90 Mitarbeiterinnen und Mitarbeitern ist natürlich noch wesentlich umfangreicher als »nur« die Betonnung.

lar-Befeuerung dann auch?« Bernd Simoneit, der Fachmann für die exakte Leuchttechnik der Tonnen, antwortet: *»Bis zu 20 Tagen ist in den durch Solar aufgeladenen Akkus genügend Leuchtenergie gespeichert. Längere total sonnenlose Zeiten gibt es auch an unseren Küsten nicht. Übrigens, durch entsprechende Programmierung wird das Licht der Leuchttonnen am Tage automatisch abgeschaltet. Das spart Energie.«*

Fahrwassertonnen gibt es in unterschiedlichen Größen, Farben, Formen – je nach Bedeutung für die Schiffahrt.

Frage: *»Gibt es eigentlich noch Sommer- und Winterbetonnung?«* Jens Feiertag: *»Die Betonnung bleibt im Prinzip das ganze Jahr draußen. Nur wenn ein starker Eiswinter angesagt ist, werden die meisten*

Fahrwassertonnen auf dem Tonnenhof

Die »SCHARHÖRN«

Die »SCHARHÖRN« ist 56,12 Meter lang, 14,32 Meter breit, hat einen Tiefgang von maximal 4,68 Metern. Bei voller Fahrt bringt sie es auf eine Geschwindigkeit von 12,5 Knoten
(= 23,15 Kilometer/Stunde). Die »SCHARHÖRN« hat nicht eine Besatzung, sondern deren drei. Jeweils 14 Personen stark. Das hat seinen Grund: Dieses Schiff ist auf der Ostsee von der Flensburger Förde bis Höhe Wismar das ganze Jahr auf See, 365 Tage im Jahr, jeden Tag, 24 Stunden lang. Nur dienstags macht das Schiff für ein paar Stunden am Tonnenhof in Kiel-Holtenau fest. Zwecks Crew-Wechsels. Die drei Besatzungen rollieren: Eine Woche ununterbrochen auf See. Die beiden anderen Besatzungen befinden sich für diesen hochqualifizierten Job auf den erforderlichen Fortbildungslehrgängen sowie im Freitörn. Dienstags wird auch nachgerüstet: Proviant, Treibstoff, Frischwasser, unter anderem.

Die »SCHARHÖRN« ist ein Multi-Funktions-Schiff. Nämlich: Tonnenleger, Notfallschlepper, Gewässerschutzschiff, Feuerlöschschiff.

Tonnenleger: Die bis zu 120 Zentner schweren Fahrwassertonnen sowie die zugehörigen Ketten und Betonblöcke werden am Tonnenhof mit eigenem Schiffskran aufgenommen, auf dem 140 Quadratmeter großen Tonnendeck verstaut, auf die Seeposition gebracht und ausgesetzt. Auch die Kontrolle der Leuchttonnen und der unbefeuerten Tonnen auf der Ostsee zwischen Flensburg und Wismar gehört zu den Aufgaben der »SCHARHÖRN«.

Die »SCHARHÖRN« am Kai des Tonnenhofes in Kiel-Holtenau

Von rechts: Kapitän Manfred Boldt vor »seinem« Schiff; Koch Wolfgang Knösel in der Kombüse der »SCHARHÖRN«

Müssen Tonnen ausgewechselt werden, bringt das Schiff diese zum Tonnenhof.
Als Notfallschlepper verfügt die »SCHARHÖRN« über eine Schleppausrüstung mit 40 Tonnen Pfahlzug. Das Schleppgeschirr ist 500 Meter lang. Kapitän Manfred Boldt: *»Damit können wir ein havariertes Schiff auf Position halten. Und dadurch zum Beispiel das Abdriften in eine stark frequentierte Fahrrinne oder auf eine Untiefe verhindern. Das Abschleppen des Havaristen in einen Hafen ist dann Aufgabe der eigentlichen Schlepper.«*
Als Gewässerschutzschiff ist die »SCHARHÖRN« unter anderem mit zwei sogenannten Sweepingarms ausgerüstet. Damit können Öl oder ähnliche Substanzen aufgenommen werden. Eine Separationsanlage besorgt die Trennung von Öl-Wasser-Gemischen.
Feuer an Bord anderer Schiffe kann mit fünf Feuerlöscheinrichtungen bekämpft werden. Zum Schutz der eigenen Besatzung vor toxischen und ätzenden Substanzen ist die »SCHARHÖRN« mit einer Schutzanlage ausgerüstet. Dabei ist das gesamte Schiffsinnere luftseitig hermetisch von der Außenatmosphäre abgeschottet. Die notwendige Luftversorgung erfolgt über ein Aktivkohle-Filtersystem. Durch Schleusen können Besatzungsmitglieder in entsprechenden Schutzanzügen das Schiffsinnere verlassen. Um als Feuerwehr-/Unfallschutzmänner anderen Schiffen Hilfe zu leisten.
Ein Behandlungsraum mit vollständiger Notarztausstattung gehört zur Ausrüstung des Schiffes.
Noch mal Kapitän Manfred Boldt: *»Die verschiedenen Aufgaben, die unser Schiff besonders in Notfällen zu erfüllen hat, werden auf jeder Fahrt immer wieder intensiv geübt.«*
Koordination und Einsatzplanung sowie die gesamte Logistik für das Gewässerschutzschiff »SCHARHÖRN« obliegt dem Wasser- und Schiffahrtsamt Lübeck, Außenbezirk Kiel.

Blick auf das Achterschiff der »SCHARHÖRN« mit Schiffskran und den beiden roten Sweepingarms

Drei große Werften

Werften gehören zur Küste. Die drei größten in Kürze vorgestellt:

Flensburger Schiffbau-Gesellschaft (FSG), 1872 von Flensburger Handelshäusern gegründet. Drei Jahre später - 1875 - waren bereits 425 Mitarbeiter tätig. Jahr für Jahr wurden mehr Neubauten abgeliefert. Die Wechselfälle deutscher Geschichte führten auch bei der FSG zu gelegentlichen »Dellen« in der Erfolgsbilanz. Aber die Werft hat bis heute alle Probleme gemeistert, ist ein stabiles Schiffbauunternehmen mit gutgefüllten Auftragsbüchern. In der Zeitschrift der Industrie- und Handelskammer (September 2006) war zu lesen: »Weltmarktführer FSG hat sich auf den Bau von Fähren spezialisiert und liefert Jahr für Jahr drei bis vier davon mit Längen um die 200 Meter aus.«

Howaldtswerke-Deutsche Werft (HDW) in Kiel. Von Kielern stets nur HDW oder einfach Howaldt genannt. Man arbeitet »auf Howaldt«, Schiffe werden »auf Howaldt« gebaut. Die Eigentümerverhältnisse der Werft waren wechselhaft. Heute gehört Howaldt zu ThyssenKrupp Marine Systems, ein Unternehmen von ThyssenKrupp Technologies.

Begonnen hat Howaldt im Jahr 1838 als Maschinenfabrik Schweffel & Howaldt, benannt nach den Namen der beiden Gründer. Die Werft

U-Boot-Bau ist für Unbefugte eigentlich nicht einsehbar. Wer auf dem Kieler Hafen entlangschippert, kann gelegentlich ein U-Boot auf dem Werftgelände von HDW sehen

Der 731. Neubau der FSG, die »PAULINE«, kurz vor dem Stapellauf. Diese 203 Meter lange Frachtfähre für einen türkischen Auftraggeber kann auf fünf Decks 260 Lastzüge, 650 Autos und 850 Container der 20-Fuß-Größe befördern

kam hinzu. Das erste »auf Howaldt« gebaute Schiff war 1865 die »VORWÄRTS«, 93 Bruttoregistertonnen groß. Und dann hat Howaldt in der langen, inzwischen 143 Jahre dauernden Werftgeschichte alles gebaut, was schwimmt: Fährschiffe, Schlepper, Kombischiffe, Passagierschiffe, Eisbrecher, Frachter, Prahme, Kreuzer, Postschiffe, Zollkreuzer, Kanonenboote, Versuchsschiffe, Schwimmdocks, Leichter, Barkassen, Segelschiffe, Containerschiffe, Yachten, Schwimmbagger, Polarschiffe, Tender, U-Boote, Linienschiffe, Walfänger, Torpedoboote, Kreuzfahrtschiffe, Tanker, Kühlschiffe, Fischereifabrikschiffe ... und so weiter.

Howaldt heute? Zitat aus einer Firmenanzeige in der Sonderbeilage »Seehafen Kiel« der »Kieler Nachrichten« im Juni 2007: *»Howaldtswerke-Deutsche Werft (HDW) und HDW-Gaarden stehen für wegweisende Technologien im Schiffbau. Die HDW-Gaarden überzeugt bei der Fertigung ziviler Schiffe durch perfektionierte Schiffbaukunst. Hier entstehen modernste Containerschiffe und anspruchsvolle Großyachten. Im Marineschiffbau haben die Uboote von HDW weltweit Maßstäbe gesetzt und genießen höchstes Ansehen. Ihr Brennstoffzellenantrieb ist revolutionär ...«*

Lindenau GmbH Schiffswerft und Maschinenfabrik in Kiel-Friedrichsort.

1919 wurde die Werft in Memel gegründet, seit Ende des Zweiten Weltkrieges wird sie in Kiel fortgeführt.

Ein Doppelhüllentanker der Schiffswerft Lindenau kurz vor dem Stapellauf. Weil das Werftgelände mit den Hellingen direkt an die öffentliche Straße grenzt, »wachsen« die hochaufragenden Schiffe fast direkt in den Stadtteil Friedrichsort hinein – gut sichtbar für jeden

Insbesondere mit der Entwicklung und dem Bau von Doppelhüllentankern hat sich Lindenau in den letzten 30 Jahren weltweit einen hervorragenden Ruf erworben und wurde mit zahlreichen internationalen Auszeichnungen geehrt. Auf Lindenau wurden schon Doppelhüllentanker gebaut, als andere daran noch nicht dachten. Doppelhülle bedeutet mehr Sicherheit. Damit – zum Beispiel – selbst bei einer Havarie kein Öl austritt. Motto der Werft: Doppelhüllentanker für mehr Umweltschutz für das Meer. Die kontinuierlich weiterentwickelten Lindenau-Tanker sind nicht nur sicher und umweltfreundlich, sondern auch besonders wirtschaftlich im Schiffahrtsbetrieb.

Lindenau baut nicht nur Tanker. Dafür stehen diese fünf Unternehmensbereiche:

- Handels- und Spezialschiffbau bis 50.000 tdw
- Schiffsreparatur und -umbau mit einer idealen Lage der Werft am Ausgang des Nord-Ostsee-Kanals
- Offshore-Produktion sowie Spezialkonstruktionen bis 200 Meter Länge und 4000 Tonnen Gewicht
- Diversifikation
- Engineering und Consulting

Kieler Werften vor 100 Jahren

»Die großartigen Werft-Etablissements, die Kaiserliche Werft (etwa 8000 Arbeiter), die Germaniawerft (in jüngster Zeit bedeutend vergrößert, etwa 6000 Arbeiter; Besitzer einer Aktiengesellschaft, vormals Krupp) und die Howaldtswerke (etwa 2600 Arbeiter) sind weltbekannt.«

(Aus: »Griebens Reiseführer Holsteinische Schweiz«, Ausgabe 1906, 2. Auflage. Verlag Albert Goldschmidt)

Der Frachtdampfer »CASSIUS« vor dem Stapellauf im Jahr 1889 auf der Norddeutschen Werft in Kiel-Garden

Schiffe aus Kiel für die Seychellen

Schiffahrt ist international. Schiffbau auch. Schiffe von den Werften an der schleswig-holsteinischen Ostseeküste für Reeder und Auftraggeber in aller Welt. Zum Beispiel von Lindenau.

Am 18. August 2007 war auf der Lindenau Werft in Kiel-Friedrichsort (schon wieder) großer Stapellauf. Die 189 Meter lange und 32 Meter breite »SEYCHELLES PRELUDE« glitt problemlos von der Helling ins Wasser. Es war seit 2002 bereits der vierte Neubau eines Doppelhüllentankers von Lindenau für die Reederei »SEYCHELLES PETROLEUM«. Der fünfte Neubau eines Tankers, die »SEYCHELLES PATRIOT«, für denselben Auftraggeber von den Seychellen, wurde bereits wenige Tage nach dem Stapellauf der »SEYCHELLES PRELUDE« auf Kiel gelegt. Ein Vertrauensbeweis für die großartigen, weltweit anerkannten Schiffbauleistungen der Lindenau Werft. Die »Kieler Nachrichten« titelten: *»Die Seychellen setzen auf Tanker aus Kiel.«*

Die Seychellen - wie war das noch?

In einem Werbespruch heißt es: *»Der Archipel der Seychellen liegt vier Grad südlich des Äquators und 1000 Meilen von Nirgendwo.«*

Anders gesagt: Dieser Inselstaat befindet sich im Indischen Ozean, östlich von Afrika, nördlich

Die »SEYCHELLES PATRIOT« im Bau auf der Helling von Lindenau. Eine Aufnahme vom 21. Oktober 2007. Bereits am 8. Dezember 2007 glitt auch dieses Schiff per Stapellauf ins Wasser

Die »SEYCHELLES PRELUDE«, Heimathafen Port Victoria (Hauptstadt der Seychellen), auf der Helling der Lindenau Werft wenige Tage vor dem Stapellauf am 18. August 2007

von Madagaskar und Mauritius. Weil der Äquator nahe ist, pendeln die Tageshöchsttemperaturen das ganze Jahr zwischen 29° und 30° Grad, die niedrigsten Nachttemperaturen zwischen 24° und 25° Grad. Die Seychellen waren englische Kolonie und sind seit 1976 ein eigenständiger Staat, eine Republik. Die Flächengröße: 455 Quadratkilometer. Zum Vergleich: Schleswig-Holstein 15.764 Quadratkilometer. Die 455 Quadratkilometer Landfläche dieser Republik verteilen sich auf 115 Inseln, in einem Seegebiet von rund 400.000 Quadratkilometer des Indischen Ozeans. Die Einwohnerzahl beträgt rund 82.000. Tourismus ist der wichtigste Wirtschaftszweig. Aber dieser kleine, selbstbewußte Staat setzt zunehmend auch auf andere Wirtschaftsbereiche. Zum Beispiel auf weltweiten Öltransport. Mit modernsten Tankschiffen aus Kiel.

Kranen - Aufslipen - Eindocken

Gelegentlich müssen Boote und Schiffe ihr angestammtes Element, das Wasser, verlassen. Sie werden auf's Trockene gesetzt. Zwecks Wartung, Reparatur oder Umbau. Und die Sportboote kommen alljährlich im Herbst ins Winterlager. Drei Verfahren werden praktiziert, um Boote und Schiffe »trockenzustellen«.
Verfahren eins: Heraushieven aus dem Wasser per Kran. Insbesondere für Boote und kleinere Yachten.
Verfahren zwei: Per Slip. Ein Slip ist - simpel gesagt - eine schiefe Ebene, auf der Schiffe zu Wasser gelassen oder an Land geholt werden. Aufslipen sagt man, wird das Schiff auf's Trockene

Yacht am Kranhaken in Strande

Blick in das Dock »Lindenau Dock 2« mit einem eingedockten Schiff der Bundesmarine

gezogen. Das geschieht zumeist auf einem Rollwagen, der auf bis ins Wasser reichende Schienen läuft. Der Wagen wird ins Wasser gelassen, das Schiff fährt darauf, wird festgezurrt und abgestützt. Mittels Motorwinde und Seil zieht man den Rollwagen samt Schiff die schiefe Ebene hinauf. Vor allem Fischkutter und andere, in etwa gleichgroße Einheiten, werden aufgeslipt.
Verfahren drei: Per Dock. Im Trockendock oder im Schwimmdock. Das Trockendock ist statio-

när, zumeist landfest. Es funktioniert wie eine Schleusenkammer. In die geflutete Kammer fährt das Schiff ein. Die Docktore (wie Schleusentore) werden geschlossen, das Dock leergepumpt. Das Schiff wird mit Dockstützen abgestützt, damit es – trockengelegt – nicht auf die Seite kippt.

Das Schwimmdock ist, wie der Name sagt, eine schwimmende Einheit, kann also, mittels Schlepper, seinen Standort verlassen. Es hat keine Tore, ist vorn und achtern offen. Hohe Seitenkammern geben dem Schwimmdock zusätzlichen Auftrieb. Durch Fluten von Tanks wird das Schwimmdock so weit abgesenkt, daß das einzudockende Schiff genügend Wassertiefe hat. Es fährt, in der Regel mit Schlepperhilfe, ins Dock. Das Schiff muß eine Position genau mittig einnehmen, sonst würde das Schwimmdock später ungleichmäßig belastet und eventuell Schlagseite bekommen. Dann werden die Fluttanks gelenzt, also leergepumpt. Das Dock bekommt dadurch mehr Auftrieb, es hebt sich. Das Wasser im Dock läuft ab. Auch hier muß das nun trockenliegende Schiff mit Dockstützen »in der Balance« gehalten werden.

Auf der Kieler Förde ist das Werft-Schwimmdock »Lindenau Dock 2« jedem Skipper bekannt. Auch die Teilnehmer der beliebten Kieler Hafenrundfahrten können von See aus in das Dock hineinblicken. Die Hafenrundfahrtkapitäne steuern ihr Schiff dicht daran vorbei.

Aufgeslipter Fischkutter in Heiligenhafen

Schöne Holzyachten aus Heikendorf

Die »HANNAH«, eine 6-KR-Yacht, ist ein nobles Holzschiff. 1963 auf der berühmten Bootswerft Joh. de Dood & Sohn gebaut. Vor fünf Jahren, aus Anlaß eines Eignerwechsels, hat Helmut Dick die »HANNAH« auf seiner Yacht- und Bootswerft in Heikendorf generalüberholt. Seither kehrt diese Yacht jedes Jahr im Winter zu Helmut Dick und seiner Crew zurück - zur »Rundumpflege«. Dabei werden unter anderem alle naturlackierten Teile fachmännisch neu überlackiert.

Reparaturen und Renovierungen, Aus- und Umbauten edler Holzboote gehören zum Aufgabenspektrum der Yacht- und Bootswerft Helmut Dick.

Aber auch Yachtneubauten, einschließlich Innenausbau, in traditioneller und moderner Holzbauweise, in der Größenordnung 7 bis 15 Meter Länge. Gefertigt unter anderem in den Holzarten Mahagoni, Teak, Oregon-Pine, Esche und Eiche. Etliche tausend Arbeitsstunden sind, je nach Größe, für eine solche Yacht erforderlich. Etwa ein Jahr arbeiten Helmut Dick, seine zwei Gesellen und zwei Lehrlinge an einem Neubau.

Die Yacht »LUISE« entstand 2004 auf der Yacht- und Bootswerft Helmut Dick in moderner Holzbauweise

»Rundumpflege« für die »HANNAH«. Helmut Dick bei der Arbeit

Frage an den Bootsbaumeister: »Besteht Nachfrage für den Neubau von Yachten und Booten in Holzbauweise?« Die Antwort: *»Ich schätze, nur etwa 2 % bis 3 % aller Neubauten werden in Holz gefertigt. Es ist eine kleine Nische, aber eine stabile Nische. Holzschiffe, das ist Liebhaberei.«*

Und auch das sagte Helmut Dick dann noch: *»Wir sind gewiß keine besonders große Yacht- und Bootswerft. Aber wir bauen besonders schöne Boote.«*
Holzschiffe eben, Liebhaberstücke!

Weitere Infos: www.yachtwerft-dick.de

Seenotkreuzer »BERLIN«

Sie ist ständig an Bord, die 4-Mann-Crew des Seenotkreuzers »BERLIN«, Tag und Nacht, immer einsatzbereit. *»Wir sind so eine Art Schiffs-WG«*, meint lächelnd ein Crew-Mitglied. In der Tat sind die vier Seenotretter an Bord für alles zuständig, auch für's Saubermachen, auch für ihre Verpflegung. Für die ständig volle Einsatzbereitschaft des Schiffes sowieso.

Seenotkreuzer »BERLIN« im Hafen von Laboe

Nach 14 Tagen ist Schichtwechsel. Dann übernimmt die andere Crew, auch vier Mann stark. So geht es weiter: 14 Tage an Bord, 14 Tage frei. Durchgehend, das ganze Jahr. Auch Weihnachten, Silvester, Ostern ... Zusätzlichen Urlaub gibt es nicht.

Über ihre Einsätze reden sie nicht viel. Immerhin im Gespräch mit dem Autor am 15. Oktober 2007 dieser Satz. *»Um die 100mal waren wir in diesem Jahr schon draußen.«* Gerd Fries, 2. Vormann, auf die Frage des Gastes nach besonders bedeutsamen Einsätzen: *»Am besten fühlt man sich jedesmal, wenn man jemanden richtig geholfen hat. Und am schlimmsten, wenn man nicht mehr helfen konnte, wenn man einen Toten bergen muß.«*

Dann zeigen Vormann Michael Müller und seine Kollegen dem Gast ihr Schiff. 27,50 Meter ist die »BERLIN« lang, 6,53 Meter breit, mit einem Tiefgang von 2,30 Metern. Die Propeller, Mitte und seitlich, sorgen für hervorragende Manövrierfähigkeit. Die Maschinen bringen es zusammen auf 3491 PS. Drei Ruderblätter. Die Ausstattung mit Navigations-, Kommunikations- und Peilanlagen ist absolut komplett, entspricht dem neuesten Stand der Technik. Das gilt auch für die umfassende Rettungsdienst- und Feuerlöschausrüstung. Wie alle anderen Seenotkreuzer der DGzRS, ist auch die »BERLIN« in der Lage, unter schwersten Bedingungen beim Havaristen längsseits zu gehen. Bei voller Fahrt ist die »BERLIN« 23 Knoten (= 42,59 Kilometer/Stunde) schnell. Wenn ein Einsatz es erfordert, kann das auf dem Heck »huckepack« befindliche, 7,50 Meter lange Tochterboot »STEPPKE« sehr schnell zu Wasser gelassen werden, mit zwei Mann Besatzung. »STEPPKE« hat nur einen Tiefgang von 0,75 Meter, kann also auch im flachen Wasser manövrieren. Das ist beispielsweise für Hilfeleistungen bei gestrandeten Havaristen von Bedeutung.

Vormann Michael Müller vom Seenotkreuzer »BERLIN«

73.487 Menschen aus Seenot gerettet

Sie gehen raus, wenn andere reinkommen - die Seenotrettungsmänner und -frauen der Deutschen Gesellschaft zur Rettung Schiffbrüchiger (DGzRS). Tag und Nacht, bei jedem Wetter, auch bei Windstärke 12. Ihre selbstgestellte Aufgabe: Menschen retten, die auf See in Not geraten sind. Im Jahr 2006 hat die DGzRS-Flotte 2001 Einsatzfahrten auf der Nord- und Ostsee durchgeführt. Dabei wurden: 91 Menschen aus Seenot gerettet, 510 Personen aus drohenden Gefahrensituationen befreit, 549 erkrankte oder verletzte Menschen von Seeschiffen, Inseln und Halligen zum Festland transportiert, 32 Schiffe und Boote vor dem Totalverlust bewahrt, 859 Hilfeleistungen für Wasserfahrzeuge aller Art erbracht, 437 Einsatzläufe, Such-, Schlepp- und Sicherungsfahrten absolviert*).

Seit ihrer Gründung im Jahr 1865 in Kiel hat die DGzRS 73.487 Menschen aus Seenot gerettet oder aus lebensbedrohenden Gefahren befreit.*) Anders gesagt: Tausende Menschen konnten dank der DGzRS ein 2. Mal Geburtstag feiern, verdanken den Seenotrettern ihr bewahrtes Leben. Seenotretter, die dafür ihr eigenes Leben einsetzten.

Die DGzRS - ein rechtsfähiger Verein - ist gemeinnützig und unabhängig. Unabhängig von Ideologien und Zeitgeist, von politischen und staatlichen Einflüssen, von wirtschaftlichen Interessen. Weil der Gesellschaft ihre Unabhängigkeit über alles geht, nimmt sie keinen Cent staatliches Geld in Anspruch. Sie finanziert sich durch freiwillige Beiträge und Spenden.**) Die überall aufgestellten »Sammelschiffchen« sind an den Küsten - und nicht nur an den Küsten - jedem bekannt. Rund 18.660 Schiffchen*) sollen bundesweit »im Einsatz« sein.

Viel Aufhebens machen die Seenotretter von ihren oft gefahrvollen Einsätzen nicht. Ihr Motto: Retten statt reden. So sind sie!

*) Alle Zahlenangaben entnommen aus dem »Jahrbuch 2007. Deutsche Gesellschaft zur Rettung Schiffbrüchiger«.

**) DGzRS, Spendenkonto 107 2016, Sparkasse Bremen, BLZ 290 501 01

Tochterboot »STEPPKE« an Bord des Seenotkreuzers »BERLIN«

Zwei Feuerlöschkanonen der »BERLIN«

Die DGzRS-Stationen an der schleswig-holsteinischen Ostseeküste

An der Ostseeküste Schleswig-Holsteins ist die DGzRS, die Deutsche Gesellschaft zur Rettung Schiffbrüchiger, mit 4 Seenotkreuzern und 14 Seenotrettungsbooten präsent.

Seenotrettungsboot »BOTTSAND« im Hafen Laboe

Im einzelnen:*)

Station Langballigau:
Seenotrettungsboot »WERNER KUNTZE«, 18 Freiwillige

Station Gelting:
Seenotrettungsboot »JENS FÜERSCHIPP«, 16 Freiwillige

Station Schleswig:
Seenotrettungsboot »JUIST«, 19 Freiwillige

Station Maasholm:
Seenotkreuzer »NIS RANDERS«, 10 Festangestellte. Seenotrettungsboot »FRANZ STAPELFELDT«, 19 Freiwillige

Station Damp:
Seenotrettungsboot »KARL VAN WELL«, 22 Freiwillige

Station Eckernförde:
Seenotrettungsboot »ECKERNFÖRDE«, 11 Freiwillige

Station Kiel-Schilksee:
Seenotrettungsboote »ASMUS BREMER« und »MARIE LUISE RENDTE«, 19 Freiwillige

Station Laboe:
Seenotkreuzer »BERLIN«, 9 Festangestellte und 12 Freiwillige, Männer und Frauen. Seenotrettungsboot »BOTTSAND«, 20 Freiwillige

Station Lippe/Weißenhaus:
Seenotrettungsboot »HELLMUT MANTHEY«, 7 Freiwillige

Station Heiligenhafen:
Seenotrettungsboot »HEILIGENHAFEN«, 14 Freiwillige

Seenotrettungsboot »HEILIGENHAFEN« im Hafen Heiligenhafen

Station Puttgarden/Fehmarn:
Seenotrettungsboot »EMIL ZIMMERMANN«, 23 Freiwillige
Station Großenbrode:
Seenotkreuzer »JOHN T. ESSBERGER«, 13 Festangestellte, 9 Freiwillige
Station Grömitz:
Seenotkreuzer »BREMEN«, 9 Festangestellte, 4 Freiwillige
Station Neustadt:
Seenotrettungsboot »CREMPE«, 34 Freiwillige (zusammen mit der SAR**)-Schulungsstation Neustadt)
Station Travemünde:
Seenotrettungsboot »HANS INGWERSEN«, 21 Freiwillige

In der SAR-Schulungsstätte Neustadt sind außerdem die Seenotrettungsboote »SIEGFRIED BOYSEN« und »EDUARD NEBELTHAU«, die Barkasse »WIEKSBERG« und das Segelboot »ARIANE II« ausschließlich als Schulungsfahrzeuge (keine Einsatzfahrzeuge) stationiert.
Im Jahr 2007 wurden bei 654 Einsätzen auf der Ostsee zwischen Langballigau und Travemünde 41 Personen aus Seenot gerettet und weitere 266 Personen aus Gefahrensituationen befreit. Außerdem waren die Seenotretter vorbeugend bei Regattabegleitung und Sicherungsfahrten im Einsatz.

*) Alle Angaben wurden dem Autor im Oktober 2007 und im Februar 2008 von der Zentrale der DGzRS in Bremen übermittelt.

**) SAR: Abkürzung für (englisch) »search and rescue« = »suchen und retten«

Sichere Fahrt in Kiellinie

Zu Kaisers Zeiten nannten die Leute an der Küste die versammelten Kriegsschiffe die »Graue Dampferkompagnie«. Durchaus zutreffend, denn die eisernen Pötte waren grau in grau angepönt und fuhren unter Dampf. Ging die Flotte auf Tour, zum Beispiel auslaufend Kieler Hafen, fuhr man in Kiellinie. Das heißt, in einer Reihe, Schiff hinter Schiff, so im Abstand von 300 bis 600 Meter. Und man fuhr »auf Sicht«. Tagsüber kein Problem. Nachts bei Dunkelheit dann nicht, solange bei guter Sicht die Hecklaterne des vorausfahrenden Schiffes erkennbar blieb. Auch bei dichtem Nebel wurde die Sache sehr schwierig. Auffahrunfall auf See - na, das wär's gewesen.

Clevere Ingenieure der Firma Signal Gesellschaft mbH in Kiel (aus der später die berühmte Firma Elac wurde) lösten das Problem. Sie entwickelten eine »Unterwasserschall-Signaleinrichtung an Schiffen zur Innehaltung der Ordnung während der Fahrt in Kiellinie bei Nebel und Dunkelheit«. Mit Patentschrift Nr. 317 246 des Reichspatentamtes wurde diese Erfindung mit Gültigkeit ab 10. Oktober 1914 im Deutschen Reich patentiert.

In der Patentschrift heißt es dazu:

»PATENT-ANSPRÜCHE«

1. Signaleinrichtung an Schiffen zur Innehaltung der Ordnung während der Fahrt in Kiellinie bei Nebel oder Dunkelheit, dadurch gekennzeichnet, daß am Heck jedes Schiffes Unterwasserschallsender geringer Reichweite angeordnet sind, die mit an Steuer- und Backbord des nachfolgenden Schiffes angeordneten Empfängern zusammenwirken.

2. Einrichtung nach Anspruch 1, dadurch gekennzeichnet, daß der Sender oder dessen Gehäuse an einer Schwimmeranordnung hängen, die ihn bei der Fahrt des Schiffes dauernd in gleichbleibender Tiefe hält.«

So war High-Tech - anno 1914.

Die deutsche Manöverflotte in Kiellinie im Jahre 1902 auf der Ostsee. Nach einer Zeichnung von P. Buchholz. Veröffentlicht in »Das Buch für Alle - Illustrierte Familien-Zeitung«, Heft 4, Jahrgang 1903

Nord-Ostsee-Kanal

Autotransporter »SCHELDE HIGHWAY« unter der Flagge Panamas, nach Verlassen der Holtenauer Schleuse, Kurs Ostsee

Er führt quer durch's Land Schleswig-Holstein. Von Kiel-Holtenau nach Brunsbüttel an der Elbe. Oder umgekehrt. Im Kaiserreich hieß er Kaiser-Wilhelm-Kanal, jetzt Nord-Ostsee-Kanal, in internationalen Schiffahrtskreisen Kiel Canal. Seine Länge beträgt 98,6 Kilometer. Eröffnet wurde der Kanal nach achtjähriger Bauzeit am 21. Juni 1895. Der Kanal erspart den Schiffen den Weg um Dänemarks Nordspitze, um Skagen. Die Wegverkürzung beträgt im Mittel 250 Seemeilen, das sind 463 Kilometer.

Die »INGRID«, Heimathafen Hamburg, im Kanal, Richtung Nordsee

Der Nord-Ostsee-Kanal ist die - mit Abstand - meist befahrene künstliche Seewasserstraße der Welt. Im Durchschnitt passieren mehr als 110 Schiffe pro Tag den Kanal, Sport- und ähnliche Kleinfahrzeuge nicht gerechnet. Eine Kanaldurchfahrt dauert, je nach Verkehrsdichte und Schiffsgröße, zwischen 6,5 und 8,5 Stunden. Die Schleusenkammern in Kiel-Holtenau und in Brunsbüttel haben eine Nutzlänge von 310 Meter, eine Nutzbreite von 42 Metern und eine Drempeltiefe*) von NN -14,00 Metern.

*) Drempel = Schwelle im Schleusenbau

Den Kanal passieren die Schiffe für die Zuschauer am Ufer »zum Greifen nahe«. Da kann man den Seeleuten an Bord bei der Arbeit zusehen

Den Schiffen auf's Deck geschaut

Den Schiffen, die durch den Nord-Ostsee-Kanal kommen, von oben auf's Deck schauen. Das ist interessant. Und weil die da unten ja nicht wissen, daß sie derart ausgespäht werden, ist es auch ein wenig wie heimliches, verbotenes »Schlüsselloch-Gucken«, hier in Großformat. Aber verboten ist es natürlich nicht. Die Levensauer Hochbrücke, gleich hinter Kiel-Suchsdorf, ist ein idealer Platz, um Schiffe senkrecht von oben zu betrachten. Auch der Blick von der Holtenauer Hochbrücke macht's möglich.

Schiffen von oben auf's Deck geschaut

Der Eiderkanal

Schleswig-Holstein, das »Land zwischen den Meeren«, ist eine schmale Landbrücke zwischen Nord- und Ostsee. Nirgendwo kommen sich die beiden Meere so nahe wie hier. Bereits Mitte des 16. Jahrhunderts gab es deshalb Pläne, einen Kanal durch das Land zu bauen. Seeschiffen sollte damit die gefährliche Passage um Dänemarks Nordspitze, rund Skagen, erspart bleiben. Aber erst 1777 begann der Kanalbau. Er dauerte sieben Jahre.

Seeschiffe bis 300 Tonnen Ladegewicht konnten diese Wasserstraße quer durchs Land nutzen. Henning Oldekop hat in seiner »Topographie des Herzogtums Schleswig« (1906) über den Kanal berichtet:

»Der Eiderkanal verband mittels Eider die Ostsee und Westsee. Die Strecke Kiel-Rendsburg

Die Rathmannsdorfer Schleuse

Das vormalige Kanalpackhaus in Kiel-Holtenau

war durch Kanalanlage schiffbar gemacht, während die Schiffahrt von Rendsburg bis Tönning durch Regulierung und Vertiefung der Eider ermöglicht wurde.

Für die Linie Kiel-Rendsburg waren 6 Schleusen erforderlich, um den Abfluß des Wassers zu verhindern und die Schiffe von einer Kanalstrekke zur anderen hinaufzubefördern und wieder hinunterzulassen. Der ca. 33 km lange Kanal hatte eine obere Breite von reichlich 28 m, die Sohlenbreite war 17 m und die Tiefe 3 ½ m. An beiden Seiten des Kanals war ein Ziehweg eingerichtet, um bei widrigem Winde die Schiffe durch Pferde zu schleppen. Der Kanal wurde in der letzten Zeit alljährlich von ca. 4000 Schiffen passiert.«

Mit der Eröffnung des breiteren, tieferen Nord-Ostsee-Kanals im Juni 1895 hatte der Eiderkanal ausgedient.

Einige seiner Bauwerke und kurze Streckenabschnitte blieben erhalten. Wie das 77 Meter lange, 13 Meter hohe vormalige Packhaus in Kiel-Holtenau. Und wie die Rathmannsdorfer Schleuse in der Nähe von Kiel. Die Hauptkammer der Schleuse ist 35 Meter lang, die Innenbreite beträgt 7,8 Meter.

SEGELN UND SURFEN

Schönheit des Segelns

Ein Boot, eine Yacht unter Segel ist stets ein nobles Bild. Die Segler kreuzen nicht nur weit draußen auf freier See, sondern auch ziemlich dicht an der Küste und in Häfen, Förden und Buchten. Also in guter Sichtweite für Zuschauer an Land.

Schönheit des Segelns

D-230

naias

Sportboothäfen

Segeln wurde längst zum Volkssport und trendigem Freizeitvergnügen. Die Ostsee vor der schleswig-holsteinischen Küste gilt als ideales Segelrevier. Keine störenden Gezeiten mit Ebbe und Flut. Fast immer passabler Wind. Förden, Buchten und Häfen zum Anlaufen. Die beliebte »dänische Südsee« nur ein paar Kreuzschläge entfernt.

Mit der ständig steigenden Anzahl der Segler und Bootseigner wuchs der Bedarf an Bootsliegeplätzen. So ist die Küste heute »gut bestückt« mit Sportboothäfen und Marinas.

Rechts: Der Olympia-Sportboothafen Kiel-Schilksee – in »Normalbetrieb«

Links: Boote am Steg in der Marina Wendtorf

Besonders zur alljährlichen Kieler Woche wird's voller und bunter

Segelanweisung anno 1870

Radar, Satellitennavigation, elektronische Seekarten, Funkpeilung - für Schiffskapitäne waren das vor rund 140 Jahren noch unbekannte Begriffe. Um den Schiffen ein sicheres Einlaufen in den Kieler Hafen zu ermöglichen, veröffentlichte die »Königliche Regierung zu Schleswig« im Amtsblatt Nr. 9 vom 10. März 1870 eine ausführliche Segelanweisung. Darin heißt es unter anderem:

»Segel-Anweisung für die in die Kieler Föhrde einsegelnden Schiffe. Bei Anlaufen der Kieler Föhrde erblickt man von Norden kommend, schon in weiter Entfernung das hohe Ufer bei Dänisch-Nienhof, von Osten kommend, das hohe Land bei Hohwacht. Bei fortgesetzter Annäherung erkennt man die Landspitze Bülkerhuk mit dem dortigen Leuchtturm. (...) Das Feuer ist bei klarer Luft 14 Seemeilen weit sichtbar.

Um, von Norden kommend, den vor dem Eckernförder Meerbusen belegenen Stollergrund frei im Osten zu passiren, darf die Richtungslinie Bülkerhuk/Friedrichsorter Festungswall Cours S.S.W. auf Bülkerhuk, nicht westwärts überschritten werden. Man passirt mit diesem Course den östliche Theil des Grundes in 4 Faden) Wasser. Tiefgehende Fahrzeuge vermeiden diese Plate des*

Leuchtturm Friedrichsort (Falkenstein) an der schmalsten Stelle der Kieler Förde - auch bereits in der »Königlichen Segel-Anweisung« von 1870 von entscheidender Bedeutung

Zweimaster auf Stollergrund querab von Bülkerhuk

Stollergrundes und passiren denselben östlich in 6 Faden Wasser, wenn sie Bülkerhuk mit dem Cours S.W.1/2W. ansegeln.
Von Osten kommend führt der Cours W.N.W. 1/2W. auf Bülkerhuk frei von den, vor dem Probsteier Ufer, neben Schönberg und Stein belegenen Untiefen, in 4 Faden Wasser und man befindet sich vor der Kieler Föhrde, sobald man, diesen Cours auf Bülkerhuk verfolgend, in 10 Faden Wasser gelangt ist.
(...)
Von der Kieler Föhrde in der Nähe von Bülkerhuk angekommen, bringt man den Friedrichsorter Leuchtthurm in die Richtung S.W.1/2W. und steuert mit diesem Course auf denselben ein, wobei man durchgängig 8 bis 9 Faden Wasser und weichen Schlammgrund vorfindet.
(...)
Schiffe, welche vor der Kieler Föhrde die vorschriftsmäßige Lotsenflagge zeigen, werden von Bülkerhuk oder von Laboe aus mit Königlichen Lotsen versehen.«

*) Seit Jahrhunderten praktiziertes Längenmaß für Tiefenmessung. In Preußen und Dänemark: 1 Faden = 1,883 Meter.

Die Kids segeln

Jugendarbeit wird in den meisten Segelvereinen großgeschrieben. Viele Kids - Jungen und Mädchen - sind vom Segeln begeistert. Im Opti, der Jüngstenjolle, sind sie ihr eigener Skipper, sind sie »Käpt'n an Bord«.

Ein Opti-Feld während einer Ausbildungswettfahrt in der Strander Bucht

Abtakeln des Opti an Land nach dem Segeltörn

America's Cup auf der Kieler Förde?

Kein Zweifel, das sind – ganz unverkennbar – zwei America's-Cup-Yachten, die da auf der Förde ein Match-Race aussegeln. Im Großsegel der einen Yacht die Buchstabenfolge »ESP« für Spanien, im Segel der anderen Yacht »NZL« für Neuseeland. America's Cup auf der Förde? Das leider doch nicht.
Diese beiden Original America's-Cup-Yachten gehören inzwischen der »Supersail Deutschland GmbH & Co. KG«. In den ausgezeichneten, reich bebilderten Infounterlagen von »Supersail Deutschland« werden diese America's Cupper unter anderem wie folgt vorgestellt:
»Wir setzen Yachten aus der 2000er Serie ein, die mit ihren geräumigen Cockpits, vier Grinder-Stationen für jeweils 2 Mann und großen Decksflächen problemlos Platz für 12 Gäste und Proficrew bieten.

Länge über Alles:	*25,00 Meter*
Breite:	*4,00 Meter*
Tiefgang:	*4,00 Meter*
Verdrängung:	*24 t*
Segelfläche am Wind:	*350 m²*
Segelfläche vor Wind:	*690 m²*

America's-Cup-Yachten haben beeindruckende Dimensionen:

Großsegel:	*So groß wie der Flügel eines Jumbo Jets*
Spinnacker:	*Hat die Größe von vier Tennisplätzen*
Mast:	*Mit 33 Metern so hoch wie ein elfstöckiges Hochhaus«*

Wer immer den Traum hat, einmal auf einer America's-Cup-Yacht zu segeln – der Traum ist erfüllbar, auf der Kieler Förde, von Mitte April bis Mitte Oktober. Sowohl für Firmen und Gruppen als auch für Einzelbucher veranstaltet »Supersail Deutschland« mit diesen Yachten der »Formel 1 auf dem Wasser« Segeltörns und Match-Races.
Nähere Auskunft und Buchung, auch über weitere Angebote und umfangreiche Begleitprogramme, durch »Supersail Deutschland GmbH & Co. KG«, Steinkampberg 7, 24235 Laboe. Telefon: 04343-421810, Fax: 04343-421811, www.supersail.de

Zwei America's-Cup-Yachten auf der Kieler Förde

OLEU-Segel aus Heiligenhafen

22 Jahre alt war Oliver Leu, als er 1987 seine Segelmacherei gründete. Aus dem Anfangsbuchstabe seines Vornamens und aus seinem Nachnamen entstand der Firmenname: OLEU. In den vergangenen 20 Jahren entwickelte sich die OLEU-Segel GmbH zur heute größten produzierenden Segelmacherei Deutschlands. Firmensitz ist in Heiligenhafen. Mit der Ideallage direkt am Yachthafen. Neben zwei Werkstätten in Heiligenhafen bestehen OLEU-Segelwerkstätten auch

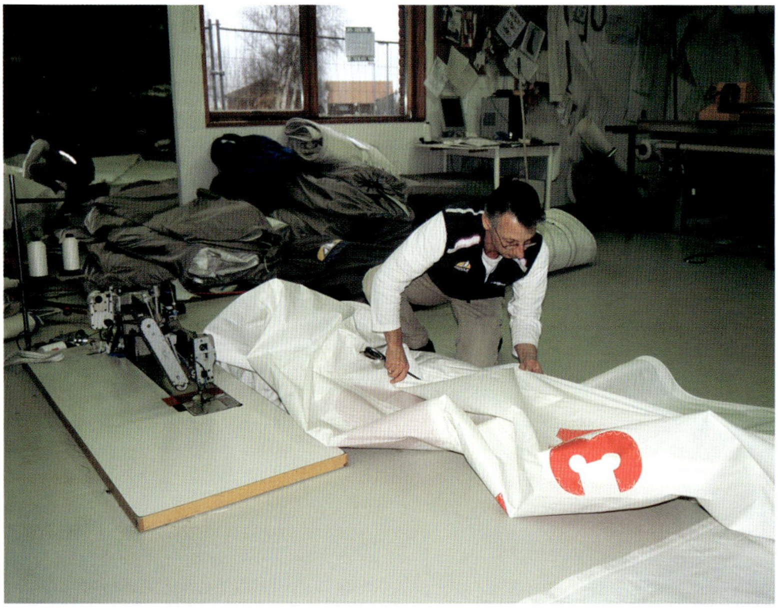

Segelmachen ist zum Teil auch noch Handarbeit

Automatische Zuschneideanlage, auf der ein »High-Tech«-Kevlarsegel für den Regattasport zugeschnitten wird. Das Tuch wird von einem Vakuumtisch gehalten, damit es keine Verschiebungen gibt. Die Anlage schneidet auf 0,25 mm genau

in Heikendorf bei Kiel und in Flensburg. Firmeneigner in Heiligenhafen sind heute Oliver Leu und sein langjähriger Partner und Freund Sascha Schwark.

Anspruch dieser beiden hochkompetenten Segelmachermeister und des gesamten Teams ist es, der Seglerszene erstklassige Qualität zu bieten. Zitate aus einem Firmenprospekt dieses Branchenführers:

»*Wir gewinnen, wenn Cruiser zufrieden sind, und sind erst zufrieden, wenn Racer gewinnen. Das ist unser Antrieb: gute und zuverlässige Segel zu bauen. Seit nunmehr über 20 Jahren werden in Heiligenhafen Segel für alle Arten von Segelbooten gebaut. Der Kampf mit den Elementen Wasser und Wind, die taktische Herausforderung bei Regatten, die Gemeinschaft der Segler an Bord und an Land. Das sind Gründe für unsere Begeisterung an unserem Sport. Segelmachen ist technischer geworden. 3D-Designprogramme sind Standard, Zuschnitt mit Laser-Cutter ist Präzision, Erfahrung bei der Verarbeitung ist Handwerk. Diese Kombination ist Grund für unsere Begeisterung an diesem Beruf.*«

Oliver Leu (l.) und Sascha Schwark

Die ungefähren Arbeitsanteile erläutert Oliver Leu so: *50 % hochwertige Neusegel für Tourensegler, 25 % Regattasegel, 25 % Service vor Ort und Reparaturen.*

Das größte bisher gefertigte Segel? Oliver Leu: »*625 Quadratmeter.*«

Weitere Infos: www.oleu.de

Windsurfen

Die »Eingeborenen« an der Küste haben ihre eigene Art von Humor. Wie zum Beispiel mit diesem Schnack: *»Wind haben wir an 365 Tagen im Jahr. Die übrige Zeit ist Sturm.«*
Wäre ja ideal für die Windsurfer. Aber auch für die Leute vom schnellen Board wird der Kalender nicht ausgeweitet. Außerdem, es gibt auch Flautentage. Aber die sind selten. Also alles bestens für die riesige Fangemeinde der Windsurfer an Schleswig-Holsteins langen Küsten. Die Könner schätzen es, wenn der Wind kräftig bläst. Oder, wie man hier sagt, wenn es »kachelt«.

Dieser Surfer kreuzt die breite Fahrspur der Ostseefähre

Kräftige Brise, ideal für Speedfahrer

Segeln, Surfen, Tauchen lernen

Die Ostseereviere vor der Küste sind ideal zum Segeln, Surfen, Tauchen. Wer es noch nicht (richtig) kann, kann es lernen. Segel-, Surf- und Tauchsportschulen machen es möglich. Die gibt es in fast allen Küstenorten, an fast allen Stränden. Wer macht mit? Ein Surflehrer: »*Alle, von sechs bis sechzig - und manchmal auch älter, Männer und Frauen, Jungs und Mädchen.*«

Surfen lernen.
So ganz ist es noch nicht die richtige Haltung

Sicherheit zuerst! In der Ausbildungspause trocknen die Schwimmwesten. Eine Aufnahme bei »Wassersport Brasilien«

... schon besser. Aufnahmen vor Surendorf mit einer Anfängergruppe von »Nordwind Wassersport-Center Schwedeneck«

LANDESHAUPTSTADT KIEL

Die KIELER HANSEKOGGE

Am Sartori-Kai im Kieler Hafen hat sie - wenn sie nicht gerade auf großer Reise ist - ihren Liegeplatz: die KIELER HANSEKOGGE. Kieler Hansekogge? Hansekoggen gehören doch in die Hansestadt Lübeck, nicht eigentlich nach Kiel. Oder doch? Die KIELER HANSEKOGGE ist historisch berechtigt. Denn von 1284 bis Anfang des 16. Jahrhunderts war Kiel Mitglied der Hanse. Koggen waren einmastige, bauchige Handelssegler des 12. bis 14. Jahrhunderts. Insbesondere von der Hanse genutzt. Daher die Bezeichnung Hansekogge. Das Heckruder der Koggen am Achtersteven war im mittelalterlichen Schiffbau ein enormer Fortschritt, wodurch sich die Manövrierfähigkeit der Schiffe bedeutend verbesserte. Vorher waren die Ruder der Schiffe in der hiesigen Schiffahrt seitlich am Rumpf befestigt.

Die KIELER HANSEKOGGE ist ein weitestgehend originalgetreuer Nachbau der 1962 im Weserschlick bei Bremen aufgefundenen und vom Deutschen Schiffahrtsmuseum Bremerhaven restaurierten Bremer Kogge von 1380.

Der Verein »Jugend in Arbeit Kiel e.V.« - initiiert von der Industrie- und Handelskammer zu Kiel und dem Arbeitsamt Kiel - begann 1988 mit dem Bau der Kogge. Im Jahr 1991 konnte der Nachbau bei der Yacht & Bootswerft Erich Rathje in Kiel-Friedrichsort fertiggestellt werden. Da waren 56 Kubikmeter Eichenholz, 11.000 handgeschmiedete Nägel, und 1600 Holzdübel verbaut. Für den Mast eine 30 Meter hohe Lärche.

Achterschiff mit dem koggentypischen Heckaufbau

Die Daten der KIELER HANSEKOGGE:
Länge über alles: 23,27 Meter
Länge des Kiels: 15,60 Meter
Größte Breite: 7,62 Meter
Seitenhöhe bis zum Deck: 3,14 Meter
Masthöhe: 24,00 Meter
Segelfläche: rund 200 Quadratmeter
Laderaum: 150 Kubikmeter
Tiefgang, beladen: 2,25 Meter
Verdrängung: 60 Tonnen in Ballast, ca. 84 Tonnen beladen
Besatzung: ca. 10 Personen

Unterhalten wird die Kogge durch den »Förderverein Historische Hansekogge Kiel e.V.«. Der Vereinszweck ergibt sich aus der Satzung wie folgt:

»Hauptzweck des Vereins ist die Förderung von Kultur. Nebenzweck ist die Förderung der Völkerverständigung.

Die Satzungszwecke werden insbesondere verwirklicht durch die Pflege und den Erhalt sowie den Betrieb der Hansekogge als historisches Kulturgut, mit dessen Hilfe traditionelle Werte und Lebensweisen durch Anschauen und Miterleben vermittelt werden können. Als Beitrag zur Völkerverständigung auf historisch maritimen Grundlagen soll jungen Leuten die Möglichkeit gegeben werden, als Botschafter unseres Landes auf den traditionellen Routen der alten Hanse Kontakte mit gleich gesinnten Jugendlichen unserer Nachbarländer zu pflegen.«

KIELER HANSEKOGGE unter Segel

In diesem Sinne haben es sich die allesamt ehrenamtlich tätigen Vereinsmitglieder zum Ziel gesetzt, anderen Menschen das Leben im Mittelalter, insbesondere in der damaligen Schiffahrt, näher zu bringen. Dazu werden zum Beispiel Tages-Törns mit interessierten Gästen unternommen. Die Crew wird dann nicht müde, die vielen Fragen der Gäste zu beantworten. Der Völkerverständigung - insbesondere zwischen jungen Menschen - dienen Fahrten in andere Länder.
Sehr viel Arbeit leisten aktive Mitglieder des Vereins auch, um das Schiff instand zu halten. Und irgendwie sind alle Kieler stolz auf »ihre« Kogge. Und jenen dankbar, die das Schiff pflegen, warten, reparieren und in Fahrt bringen. Übrigens, weitere Vereinsmitglieder - natürliche Personen, juristische Personen, Körperschaften des öffentlichen Rechts - sind willkommen.
Ansprechpartner: Klaus Mende, Telefon 0431-982 8983, Fax 0431-9969708

Mit den Fähren von Kiel nach ...

Selbst die größten Fährschiffe der Ostsee fahren in Kiel wortwörtlich bis in die City. Der tiefe Naturhafen macht es möglich. Deshalb sind Fährverkehre nach Skandinavien seit Jahrzehnten ein bedeutender Aktivposten im Kieler Hafengeschehen.

Mit der STENA LINE von Kiel nach G ö t e b o r g in Schweden. Mit den beiden kürzlich rundum modernisierten, auch in der Ausstattung auf neuestem Stand renovierten Schiffen »STENA SCANDINAVICA« und »STENA GERMANICA«. Jedes Schiff hat Platz für 1700 Passagiere und 600 PKW. Täglich geht es 19.00 Uhr ab Kiel, im Gegenverkehr 19.00 Uhr ab Göteborg. Fahrzeit 14 Stunden. Die Fährlinie dient auch dem Frachtverkehr. Wegen des oft hohen LKW-Anteils wird die Kiel-Göteborg-Linie in Schiffahrtskreisen scherzhaft auch Trucker-Route genannt.*)

Mit der COLOR LINE nach O s l o. Mit den neuesten, modernsten und größten Fährschiffen der Ostsee, der »COLOR FANTASY« und der »COLOR MAGIC«. Mit herkömmlichen Fährschiffen alter Prägung haben diese Schiffe nichts mehr gemein. Es sind Schiffe auf Top-Kreuzfahrt-Niveau. Der Törn Kiel-Oslo ist denn auch für die meisten Passagiere mehr als nur eine Über-

Die »STENA GERMANICA« am Terminal in Kiel. Daneben die »Thor Heyerdahl«, ein Dreimast-Toppsegelschoner, 1930 gebaut

Die »COLOR MAGIC«, auslaufend Kieler Förde

fahrt von »hier nach dort«. Es ist eine Mini-Kreuzfahrt. Und genau dafür werden die Schiffe gebucht: Fährschiff-Kreuzfahrt Kiel-Oslo-Kiel oder Oslo-Kiel-Oslo. Das wird geboten, Beispiel die im September 2007 in Dienst gestellte »COLOR-MAGIC«: 223 Meter lang, 31 Meter breit, fast 60 Meter hoch. 1000 Kabinen. Bis zu 2975 Passagiere. Zehn Restaurants, mehrere Bars, Diskothek, Show-Programm, Wasserlandschaft mit Rutsche, Kino, Wellness-Center mit Sauna, Kinderpool, Spielkasino, Einkaufspromenade mit Duty-free-Läden. Abfahrt täglich 14.00 Uhr ab Kiel, Ankunft Oslo am nächsten Tag um 10.00 Uhr. Gleiche Abfahrt-/Ankunftszeiten im Gegenverkehr.*)

Mit der Reederei AB DFDS LISCO nach K l a i p e d a in Litauen.

Mit den Schiffen »MS LISCO GLORIA« und »MS LISCO OPTIMA«. Es sind kombinierte Fracht-/Passagierschiffe. Sie haben jeweils Platz für rund 150 LKW und bis zu 300 Passagiere und deren PKW. Hinweis im Fahrplanheft 2007 für Passagiere: *»Den Luxus eines Kreuzfahrtschiffes bieten wir Ihnen nicht, dafür aber den Charme und die Faszination einer echten Seereise.«*

Abfahrten ab Kiel montags, mittwochs und freitags. Dauer der Seereise ca. 21 Stunden.*)

*) Alle Angaben: Stand Dezember 2007.

Die »LISCO GLORIA« auf der Fahrt nach Klaipeda

Bundesmarine – eher unauffällig

Es hat Zeiten gegeben, da dominierten die »Blauen Jungs«, sprich: die Marinesoldaten, das Bild in den Kieler Straßen. Lang, lang ist es her. Kiel, Eckernförde und Neustadt sind auch heute Marinestützpunkte schwimmender Einheiten. Aber die Marine verhält sich in jeder Weise eher unauffällig. Von optischer Dominanz zu Wasser und an Land keine Spur. Gelegentlich gibt es »Tag des offenen Schiffes«, stets von Besuchern in Scharen genutzt. Nur zur Kieler Woche, Ende Juni, sind »Blaue Jungs« im Kieler Stadtbild reichlich vertreten. Von der Bundesmarine und von vielen befreundeten Nationen, die dann mit ihren Schiffen im Kieler Hafen liegen.

Zwei Schiffe der Bundesmarine im Stützpunkt Kiel

Dezembertag

Ein dunkler Dezembertag an der Kieler Außenförde. Tief steht die Sonne, umgeben von windzerzausten Wolkenpaketen. Ein Sonnenstrahl läßt einen Streifen der See aufleuchten. Eine Inszenierung der Natur – für einen Augenblick.

Naturgewalten

Meistens ist die Ostsee friedlich. Aber sie ist nicht harmlos. Wer auf einer Segelyacht einen handfesten Ostseesturm abgewettert hat, kann davon erzählen. Auch an der Küste gibt es hin und wieder Probleme. Im August 1989 verwüstete ein völlig unvorhergesehener Sommerorkan einige Sportboothäfen und zerlegte Boote, Yachten und Stege zu Kleinholz.

Manchmal kommt alles zusammen. Wie im Winter 2006/2007. Im Dezember und Januar hatte es anhaltend und sehr ergiebig geregnet. Das Land war aufgeweicht. Auch die Steilküsten zeigten sich »wassersatt«. Es folgte tagelang heftiger Weststurm, der sich zum Orkan steigerte. Enorme Wassermassen der Ostsee wurden dadurch nach Osten gedrückt. An den hiesigen Küsten herrschte Niedrigwasser. Bei Nachlassen der Westwinde schwappte das nach Osten verfrachtete Wasser mit Macht zurück – der sogenannten »Badewanneneffekt« setzte ein. Sturm, nunmehr aus östlichen Richtungen, verstärkte diese Wirkung. Mit enormer Wucht prallten die hochauflaufenden Wassermassen auf die Küste. In der Probstei und in Schwansen wurden an einigen Abschnitten Dünen und Sandstrände weggeschwemmt. Zwischen Falkenstein und Schilksee an der Kieler Förde hielt die regendurchweichte Steilküste den Wogen nicht stand. Erhebliche Abbrüche waren die Folge. Auch Bäume vom Steilküstenrand stürzten herab. Ebenso Teile des Wanderweges, der weiter landeinwärts verlegt werden mußte.

Die herabgestürzten Bäume waren schnell zersägt und beseitigt. Am Strand herrscht wieder die Ruhe nach dem Sturm – bis zum nächsten Mal. Nur in der Steilküste blieben die noch frischen »Narben« der Naturgewalten sichtbar.

»Land im Anschnitt«

Im Januar 2007 gab es an einigen Steilküsten Abbrüche total, das heißt, von oben bis unten in breiter Front. Danach zeigt sich die Steilküstenwand gewissermaßen wie neu hergerichtet. Mit ganz frischen, fast leuchtenden Farben. Und die verschiedenen Schichtungen und Muster in der Wand sind besonders gut erkennbar. Steilküste nach solchen Abbrüchen ist wie »Land im Anschnitt«. Ein Naturerlebnis der besonderen Art.

Nach frischen Abbrüchen sind Farben und Schichtungen in der Steilküstenwand besonders gut erkennbar. Wie hier zwischen den Kieler Ortsteilen Falkenstein und Schilksee an der Kieler Förde im Januar 2007

Links:
Steilküste zwischen den Kieler Ortsteilen Falkenstein und Schilksee an der Kieler Förde nach frischen Abbrüchen im Januar 2007

»Kieler Woche«

Sonnabend, Sonntag, Montag, Dienstag, Mittwoch, Donnerstag, Freitag, Sonnabend und Sonntag: das sind neun Tage. So lange dauert in Kiel eine Woche. Jedenfalls einmal im Jahr. Und stets Ende Juni. Das ist dann die »Kieler Woche«, die weltbekannte, weltberühmte.
Ganz ohne Lokalpatriotismus und immer wieder von Gästen aus sämtlichen Erdteilen anerkannt: Die Kieler Woche ist einmalig. Weil es die weltgrößte Segelveranstaltung ist. Und das größte Sommerfest im Norden Europas. Weil 1000 verschiedene Veranstaltungen im offiziellen Programm stehen. Weil die Kieler spontan noch ungezählte Programmpunkte hinzufeiern. Weil es bunt und fröhlich und (fast) immer und überall friedlich zugeht. Weil sich die Kieler mit ihren Gästen aus dem übrigen Deutschland und aus rund 70 weiteren Nationen gemeinsam amüsieren. Weil für jung und alt und für alle Jahrgänge dazwischen vieles geboten wird. Weil jeder mitmachen kann und auch mitmacht. Weil man neun Tage Spaß hat – bei Sonne und Wind und auch am Regen- und Flautentag.
Kieler Woche – da ist »richtig was los« in allen 30 Stadtteilen und in den benachbarten Fördeorten auch.

Mitglieder der Kindermusikschule Kaliningrad auf der Kieler Woche

Vor der Regatta

Rechts: Zur Kieler Woche haben die Großsegler im Hafen über die Toppen geflaggt

Helmut Hitze und »Seehafen Kiel«

Jeweils am Freitag in der »Kieler Woche« erscheint alljährlich »Seehafen Kiel«, die große Sonderbeilage der »Kieler Nachrichten« (»KN«). Mit einer Beilagenauflage von 110.000 Exemplaren. Weil aber »Seehafen Kiel« nicht nur in der maritimen Wirtschaft, sondern auch in der Kieler Bevölkerung inzwischen »Kultstatus« erworben hat, muß die »KN« von »Seehafen Kiel« stets erhebliche Mengen extra drucken. Firmen, öffentliche Einrichtungen, Verbände, Vereine und auch Privatpersonen ordern »Seehafen Kiel« gleich stapelweise. Und verschicken diese Sonderbeilage an Geschäftspartner und Freunde in aller Welt.

In »Seehafen Kiel« werden Jahr für Jahr die Hafenstadt Kiel und ihre maritime Wirtschaft, aber auch der maritime Freizeitbereich umfassend und aktuell mit informativen Berichten und interessanten Farbbildern vorgestellt.

»KN«-Mitarbeiter Helmut Hitze hat »Seehafen Kiel« für seine Beilagenreihe »Wirtschaftsfocus« vor 10 Jahren »erfunden«. Er ist dafür nach wie vor der »Macher«, unterstützt von einem professionellen Team.

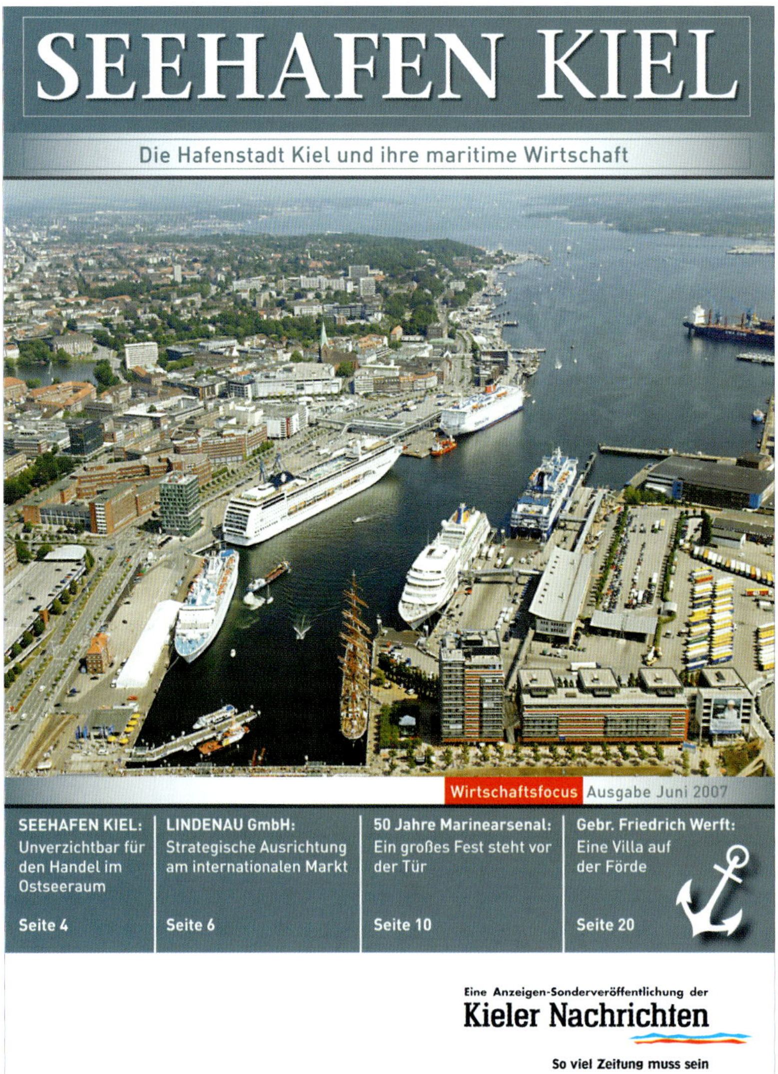

Titelseite der Sonderbeilage »Seehafen Kiel« der »Kieler Nachrichten«, Ausgabe Juni 2007

Zitate aus »Seehafen Kiel«, Ausgabe 2007

Gehört auch zum Kieler Seehafen

» ...Im vergangenen Jahr haben fast 2000 Seeschiffe mit einer Gesamttonnage von mehr als 22 Millionen Nettoraumzahl Kiel angelaufen ...

... 1,5 Millionen Reisende im Passagierverkehr ...

... 9 Sportboothäfen mit 2.300 Wasser- und 400 Landliegeplätzen an der Kieler Förde ...

... Die Hafengesellschaft plant in den nächsten drei Jahren Investitionen von 50 Millionen Euro ...

... Neben seiner Bekanntheit als Passagierhafen ist Kiel ein bedeutender und vielseitiger Frachthafen ...

... Zentrum für maritime Technologie ...

... 50 Jahre Marinearsenal, zuverlässiger Partner der Marine ...

... Sartori & Berger - Schiffahrts- und Logistikdienstleister seit 1858 ...

... Gebrüder Friedrich, Kiel - hochqualitative Schiffs- und Yachtbauarbeiten ...

... Yacht- und Bootswerft Rathje - Kompetenz im Bootsbau seit 85 Jahren ...

... UNTERWASSERKRAUSE - seit über 36 Jahren erfolgreich untergetaucht ...

... Baltic Terminal Kiel International GmbH - Umschlag, Lagerung, Stauerei, Transport-Logistik vom Ostuferhafen: 6 x Klaipeda, 2 x St. Petersburg, 1 x Kaliningrad ...«

Hafenmotive

Den Menschen als solchen zieht es zum Wasser. Das heißt in Kiel: zum Hafen. Mit seinen wechselnden maritimen Bildern. Immer wieder ein (Seh-)Erlebnis.

Hafenmotive in Kiel

900 t

Kieler Sprotten

Kieler Sprotten haben die Stadt an der Förde einst weltbekannt gemacht. Es gibt sie noch, in eher bescheidenen Mengen. Der Begriff ist geblieben. Auch im übertragenen Sinn. Ein hier geborenes Kind ist eine echte »Kieler Sprotte«.

Kieler Sprotten im Rauch

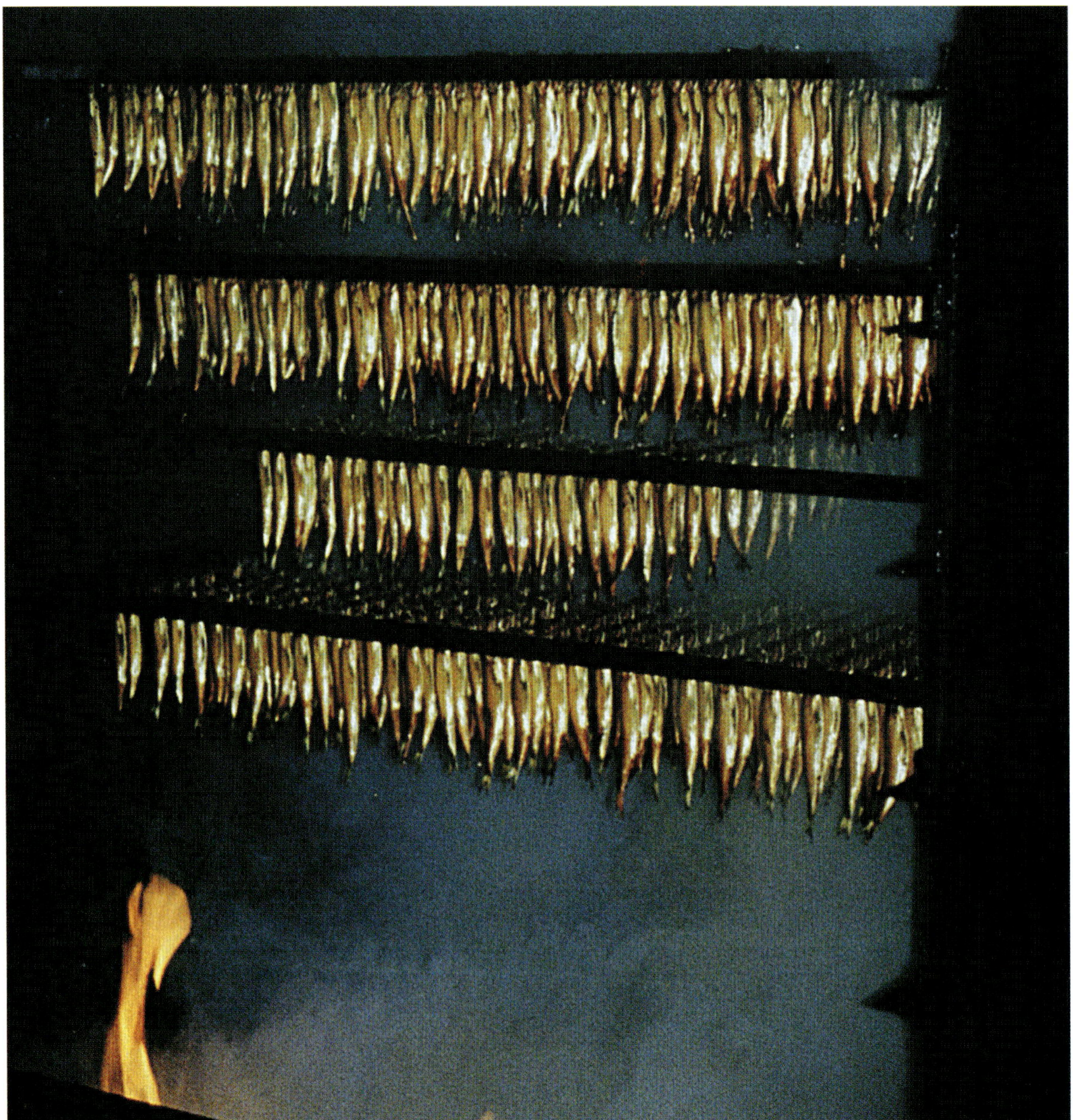

Verhältnismäßig

Im Verhältnis zum Kreuzfahrtschiff ist der Paddler sehr, sehr klein. Oder umgekehrt: Im Verhältnis zum Paddler ist das Kreuzfahrtschiff sehr, sehr groß.
Fotografiert im Kieler Hafen.

DÄNISCHER WOHLD UND ECKERNFÖRDE

STRA 108

Die Fischer von Strande

Wie fast überall an der Küste, so auch im Ostseebad Strande: Die Anzahl der aktiven Fischer ist nach und nach immer kleiner geworden. Nur noch an einem kurzen Steg sind ihre kleinen Kutter und offenen Boote vertäut. Und doch, diese »Handvoll« Fischer bringen viel Farbe und Flair ins Hafenbild. Der Fischersteg ist eine touristische Sehenswürdigkeit. Ohne Fischer – Strande wäre nicht nur optisch ärmer. Meinte ein Berliner Urlauber: *»Eigentlich müßte man die letzten Fischer unter Artenschutz stellen ...«.*
Stimmt! Und das nicht nur in Strande.

Der Fischersteg von Strande

Seetang setzt die Netze dicht. Der Fischer hat die Arbeit des Säuberns

Leuchtturm Bülk

Auf der äußersten östlichen Landspitze an der Kieler Förde, auf der Bülker Huk, in der Gemeinde Strande, steht der Leuchtturm Bülk. 25,6 Meter hoch, weiß mit schwarzer Binde, 1865 erbaut.

Trotz Satellitennavigation, Leuchtturm Bülk leuchtet auch weiterhin. Mancher Skipper, der nachts über Stollergrund kommt, weiß sein wegweisendes Licht zu schätzen.

Vom 1. Mai bis 30. September kann der Turm bestiegen werden.*) Nach 98 Stufen hat der Besucher aus 22 Meter Höhe einen herrlichen Ausblick auf die Eckernförder Bucht, auf die offene Ostsee und quer rüber über die Förde.

*) In der Zeit vom 1. Oktober bis 30. April nach Vereinbarung. Kontakt: Telefon 04349-9264 oder 909564.

Der Bülker Leuchtturm

Küstenlandschaft

Pferde auf den Niederungsflächen nördlich vom Ostseebad Strande, dahinter auf der Mähwiese »eingewickelte« Heuballen, in der Ferne der Leuchtturm Bülk. Stimmungsvolle Landschaft an der Küste.

Ostseebad Schwedeneck

Dort, wo die Halbinsel Dänischer Wohld am weitesten in die Ostsee ragt, liegt das Ostseebad Schwedeneck. Obgleich es einen Ort Schwedeneck gar nicht gibt. Schwedeneck ist eine Landgemeinde, durch Gebietsreform 1927 entstanden, und besteht unter anderem aus den Orten Surendorf, Krusendorf, Jellenbek, Dänisch Nienhof und Stohl. Alle diese Orte grenzen unmittelbar an die Ostsee. Und bescheren dem Ostseebad Schwedeneck 16 Kilometer Ostseeküste. Mit feinsandigem Kurstrand wie bei Surendorf, mit wildromantischem Steilküsten-Steinstrand wie bei Stohl. Für Urlauber und Tagesgäste die freie Strandauswahl - wie man's denn mag. Familienfreundliche Hotels, Privatpensionen, Ferienhäuser und -wohnungen, Gaststätten, Strandkioske, Campingplätze, Wassersport- und Segelschulen, Strandsauna, Tauchsport, Meeresangeln, Strandwandern, Segeln, Schwimmen, Baden, Ostseeplanschen, ein eher bodenständiges (will sagen: nicht »abgehobenes«), aber interessantes, buntes Veranstaltungs- und Kulturprogramm - das ist Ostseebad Schwedeneck. Eingerahmt von der schönen Landschaft Dänischer Wohld.

Am Strand von Surendorf: »Nordwind Wassersport-Center Schwedeneck«

Unmittelbar hinter der Küste beginnt die reizvolle Landschaft des Dänischen Wohldes. Bild: Weg zum Strand von Stohl

Steilküstenstrand bei Stohl

Der Weg an der Kante

Stets dicht an der Kante verläuft der schmale Wanderpfad oben auf der hier besonders hohen Steilküste von Stohl. Mit ungehindertem Blick auf's Meer zur einen, auf das Land zur anderen Seite. Und natürlich hinab in die Tiefe, auf den Strand dort unten.

Der Steilküstenpfad an der Kante bei Stohl

Der Blick hinab auf den Strand

Land und See in einem Blick

Löwenzahnblüte am Meer

In Krusendorf/Jellenbek (Gemeinde Schwedeneck) an der Eckernförder Bucht. Auf der Wiese, direkt am Steilküstenrand, blüht Löwenzahn. So bezaubernd schön ist die Ostseeküste Ende April.

Die Kirche, die der See weichen mußte

In der Zeit, die man heute Gotik nennt, war es, als unsere Vorfahren im Dänischen Wohld in Krusendorf (vormals Jellenbek*) genannt) eine Kirche bauten. Johannes von Schröder berichtet darüber in seiner »Topographie des Herzogthums Schleswig« (2. Auflage, 1854) wie folgt: *»Die älteste Kirche lag auf freiem Felde auf einer Höhe am Strande bei der vormaligen Ortschaft Jellenbek und an einem Bache gleichen Namens; sie wird 1318 schon erwähnt als der Bischof seine Zehnten aus dieser Gemeinde dem Schlesw. Domcapitel verlieh.«*

Wie weit von der Küstenlinie entfernt die Krusendorfer/Jellenbeker ihre Kirche erbaut hatten, ist exakt nicht bekannt. Jedenfalls nicht weit genug. Denn immer wieder gab es Uferabbrüche, die Küste »wanderte« landeinwärts. Bis sie im Laufe von drei/vier Jahrhunderten der Kirche zu nahe gekommen war. Das Gotteshaus drohte bei weiterem Uferabbruch ins Meer zu stürzen. Unter einer solchen latenten Gefahr war eine weitere Nutzung der Kirche nicht zu verantworten, sie mußte aufgegeben werden. Und ist heute völlig verschwunden.

Kirchenpatron Joachim von Brockdorff, Gutsherr auf Noer und Grönwohld, ließ eine neue Kirche bauen. Die Grundsteinlegung erfolgte am 12. November 1733. Drei Jahre später, 1736, war der Bau vollendet. Aus dem Fehler der Vorfahren hatte man gelernt, die neue Krusendorfer Kirche steht weit genug entfernt von der Uferlinie.

*) Jellenbek ist als Siedlung und Ortsteil von Krusendorf wieder entstanden.

Die Krusendorfer Kirche von 1736

Liebenswertes Eckernförde

Eckernförde, das bekannte, vielbesuchte Ostseebad mit 23.000 Einwohnern. Eine liebenswerte, lebenswerte Stadt mit Flair. Die Mischung macht's. Die besteht aus gepflegten Altstadtwinkeln und ansprechenden Neubaugebieten. Aus verkehrsberuhigten Straßen zum Shopping und Bummeln. Aus malerischer Hafenatmosphäre mit Fischkuttern, Segel- und Motorbooten. Aus fröhlichem Strandleben. Aus langen, langen, blumengeschmückten Uferpromenaden. Und aus dem ungehinderten Blick über die offene Weite der Eckernförder Bucht.

Eckernförder Hafen - malerisch

Eckernförder Wassernixen

Eine Meerjungfrau, eine Wassernixe, gehört in ihr angestammtes Element, also in die Ostsee. In Eckernförde ist eines dieser Wesen an Land gegangen, hat es sich im Kurpark, mitten in einem Blumenbeet, gemütlich gemacht. Ein Blickfang!
Direkt am Strand steht Eckernfördes Meernixe Nr. 2. Auf einer Infotafel ist zu lesen: »Baujahr: 1997. Künstler: E. Kowalke. Stifterin: M. Selk.« Anfangs ob ihrer Gestalt nicht unumstritten, möchten die Eckernförder inzwischen diese Nixe nicht mehr missen. Sie ist ein Fixpunkt am Strand. Und (fast) ein Eckernförder Wahrzeichen.

Am Eckernförder Strand: Meernixe Nr. 2

Die Meerjungfrau im Blumenbeet

Krebse keschern

Das gehört für Kinder seit Generationen zum Sommer an der Küste: Krebse keschern im Hafen. Wie hier in Eckernförde.

»Da an den Brückenpfählen sitzen sie«: Krebse keschern ist Sommervergnügen für Jungs und Mädchen

Die Retter von der DLRG

DLRGler am Strand in Eckernförde, Sommer 2007. Von links: Johannes Jordan (Hessen), Jenny Radtke (Berlin), Miriam Kaiser (Dortmund), Kai Wessollek (Niedersachsen)

Sie kommen aus Hessen und Niedersachsen, aus Nordrhein-Westfalen und Bayern, aus Berlin und Schleswig-Holstein und aus allen weiteren Bundesländern auch. Sie sind Schüler und Auszubildende, Studenten, jüngere Arbeitnehmer. Sie sind ausgebildete und trainierte Rettungsschwimmer, kennen sich aus in Erster Hilfe, haben zusätzliche Ausbildungen absolviert, zum Beispiel als Bootsführer, Sprechfunker, Wachdienstleiter. Sie »opfern« ihren Urlaub, ihre Freizeit, um im Sommerhalbjahr an den Stränden jeden Tag von morgens bis abends präsent zu sein. Dort haben sie ein wachsames Auge auf Badende und Schwimmer, auf Surfer, Paddler und Luftmatratzenkapitäne. Um, wenn es erforderlich ist, schnell und gekonnt Menschen aus Wassergefahr zu retten. Getreu der Maxime ihres Vereins: verantwortlich beizutragen, die Sicherheit der Menschen im, am und auf dem Wasser zu gewährleisten.

Ihr Verein, das ist die Deutsche Lebens-Rettungs-Gesellschaft e.V. (DLRG), mit über 900.000 Mitgliedern und Förderern die größte Wasserrettungsorganisation der Welt. Jene, die unser sommerliches Bade- und Schwimmvergnügen sicherer machen, sind die aktivsten von allen. Sie leisten ihren Dienst ehrenamtlich, ohne Bezahlung. Natürlich kann keine Schülerin/kein Schüler, keine Studentin/kein Student, keine Auszubildende/kein Auszubildender, keine Arbeitnehmerin/kein Arbeitnehmer für eine vollständige Sommersaison den DLRG-Dienst versehen. Solange dauert kein Urlaub, dauern keine Ferien. Also wechselt die Besetzung der Stationen, je nachdem, wie lange der einzelne DLRG-Retter Zeit verfügbar hat. Jahr für Jahr sind - dank der vielen Aktiven - wieder alle Wachstationen besetzt.

Die 38 Rettungswachstationen der schleswig-holsteinischen Ostseeküste waren im Jahr 2007 mit

1590 Rettungsschwimmern im Wasserrettungsdienst besetzt. Sie leisteten insgesamt 222.481 Wachstunden. In der Leistungsbilanz stehen unter anderem:

- Lebensrettungen im direkten Einsatz
- Rettungen von Personen aus Wassernot
- Geborgene Windsurfer
- Segelbootbergungen/Personenbergungen
- Badebootbergungen/Personenbergungen
- Motorbootbergungen/Personenbergungen
- Größere Erste-Hilfe-Leistungen

»Vorbeugen ist besser als retten müssen«, sagte ein DLRGler. Und meinte damit, daß möglichst alle Menschen sichere Schwimmer sein sollten. Deshalb führt die DLRG ein umfangreiches Ausbildungsprogramm durch, für Mitglieder und Nichtmitglieder. Zum Beispiel: Frühschwimmer - Jugendschwimmer - Erwachsenenschwimmen - Seniorenschwimmen. Außerdem unter anderem: Juniorretter - Rettungsschwimmer - Erste Hilfe und Sanitätsausbildung - Schnorcheltauchen - Grundlagen zum Sporttaucher - Rettungstaucher. Und vieles mehr. Jede örtliche DLRG-Gliederung gibt weitere Auskunft. Auch der Landesverband Schleswig-Holstein der DLRG, Berliner Straße 64, 24340 Eckernförde. Telefon 04351-71770, www.SH.DLRG.de.

Auf wachsamem Ausguck am Schönberger Strand

Großsegler im Hafen

So oder so ähnlich wird es ausgesehen haben, damals, als Dampfer noch nicht erfunden waren und allein Großsegler das Bild in den Häfen bestimmten. Die Großsegler waren Handelsschiffe, die über die Weltmeere kreuzten. Heute sind es Oldtimer der Freizeitwelt, die einen Touch alter Segelschiffzeiten in die Häfen bringen. Wie hier in Eckernförde.

Segelschiff-Oldtimer im Eckernförder Hafen

Eckernförde traf es am schlimmsten

Die verheerende Ostseesturmflut im November 1872 ist an der Küste noch in Erinnerung. An manchen Häusern gibt es Markierungen, die zeigen, wie hoch der Wasserstand war. In der »Allgemeinen Familienzeitung«, Nr. 20, aus dem Jahr 1873 wird über diese Sturmflut ausführlich berichtet. Nachstehend einige Auszüge:

»Das entsetzlichste und umfassendste Unglück, das sich ereignete, war die Sturmfluth an den Küsten der Ostsee (...) in den Tagen vom 11. bis 13. November 1872. Die Naturerscheinung kam mit solch unberechenbarer Plötzlichkeit und mit solcher Stärke und Ausdehnung, wie seit Menschengedenken nicht erhört worden ist. (...)

An der Ostseeküste Schleswig-Holsteins war die Verheerung am entsetzlichsten, denn die hier gegen Osten geöffneten Meeresbuchten und die trichterförmigen, tief in's Land hineinschneidenden Föhrden, waren dem unwiderstehlichen Aufprall der Sturmfluth am meisten ausgesetzt. An diesen Küsten sind ganze Fischer- und Stranddörfer weggespült worden, und die kleine Stadt Eckernförde gehört vielleicht zu denjenigen, welche am 13. November durch die Sturmfluth am fürchterlichsten heimgesucht worden sind. Die Wogen schlugen haushoch über die Landzunge herein, auf welcher die Stadt liegt, rissen im östlichen Theile derselben Haus um Haus nieder. Das Elend ist ganz unbeschreiblich. 87 Häuser sind vollständig zerstört, 137 unbewohnbar und baufällig geworden. In den Straßen liegen Seetang, Schlamm und Geröll theilweise kniehoch, und in demselben sieht man Trümmer von Haustheilen, Schiffen und Schaluppen, Hausgeräthe, Balken und ertrunkenes Vieh eingebettet. Die Noth der obdachlosen Bewohner ist unsäglich.«

Eckernförde nach der Sturmflut vom 13. November 1872.
Zeichnung aus »Allgemeine Familienzeitung«, Nr. 20 aus dem Jahr 1873

SCHWANSEN UND DIE SCHLEI

Steilküste in Schwansen

Keine andere Küstenformation macht es imposanter deutlich: Hier ist Land-Ende, hier beginnt das Meer. Steilküsten – grandiose Natur in urgewaltiger Art. Und beeindruckend schön.

Steilküste in Schwansen zwischen Waabs und Hökholz

Der Felsbrocken in der Steilküstenwand

Hochauflaufende Wellen werden weiter an dem Fuß der Steilküste nagen. Regen wird Schichten der Küste auswaschen. Frost kleine Teile absprengen. Und irgendwann wird dann der Felsbrocken in der Wand sich nicht mehr halten können, wird sich lösen und herabstürzen auf den schmalen Strand. Daß es geschieht, ist sicher. Wann es sein wird, weiß niemand. Vielleicht morgen, vielleicht in einem Jahr, vielleicht in 100 Jahren, vielleicht noch später. Natur hat Zeit.

Jahrtausende hat der von den Gletschern der Eiszeiten aus dem hohen Norden mitgeführte Felsbrocken unsichtbar im Lehm gesteckt, bis er nach und nach freigelegt wurde, nun aus der Wand herausragt. Wie groß der noch in der Steilküste steckende Teil ist, läßt sich nur vermuten.

Jedenfalls, direkt unter diesem Stein an der Steilküste zwischen Hökholz und Waabs sollte man besser nicht lagern. Es könnte ja sein ...

Der Felsbrocken in der Steilküstenwand

Steilküste – Zitat II

»Die aktiven Ostsee-Kliffs bieten ständige Aufschlüsse in den inneren Aufbau eiszeitlicher Ablagerungen. Sie haben damit hohen naturwissenschaftlichen Wert (...) mit unmittelbarem Nutzen für die Klärung erdwissenschaftlicher Fragen unseres Landes«.

(Aus dem Infoheft: »Erläuterungen zu der Karte der geowissenschaftlich schützenswerten Objekte« von P.H. Ross. Herausgegeben vom Geologischen Landesamt Schleswig-Holstein, 1993)

Aufschlüsse eiszeitlicher Ablagerungen in der Steilküstenwand

Bilder in Gelb-Blau

Ungefähr Mitte Mai - mal etwas früher, selten später - blüht der Raps. Auch auf den Äckern direkt an der Küste. Bilder voller leuchtender Farben. Im Vordergrund das Gelb des blühenden Rapses, dahinter das tiefe Blau der Ostsee, darüber Himmelsblau.

Per Rad die Küste entlang

Radwandern, immer direkt an der Küste entlang. Das ist auf langen Strecken überall möglich. Das Land zur einen, die See zur anderen Seite. Mehr Naturschönheit kann eine Radtour nicht bieten. Plus allerbeste Meeresluft.

Radtour auf dem Deich bei Wendtorf in der Probstei

Eingewachsener, aber befahrbarer, idyllischer Weg zwischen Hökholz und Damp an der Küste von Schwansen

Steinzeitmenschen schätzten die Nähe der Ostsee

Unsere Ur-Ur-Ur-Vorfahren aus der Steinzeit jagten, fischten, siedelten offenbar gern in Gebieten nahe der schleswig-holsteinischen Ostseeküste. Viele erhaltene und noch mehr inzwischen abgetragene sogenannte »Hünengräber« geben und gaben davon Zeugnis. Wie das markante »Hünengrab« von Birkenmoor im Dänischen Wohld. Und wie das berühmte »Langbett« von Karlsminde in der Gemeinde Waabs in der Landschaft Schwansen. Diese monumental anmutende Grabanlage aus der Zeit zwischen 3500 und 3000 v. Chr.*) ist 56 Meter lang, 5,5 Meter breit, 2,5 Meter hoch. Die Steinumfassung besteht aus 108 Findlingen mit jeweils einem Gewicht von 1,5 bis 2,5 Tonnen (!). Eine genial anmutende Leistung der Steinzeitmenschen, diese mächtigen Findlingsbrocken heranzuschaffen, in Reihe zu stellen, aufzurichten.

Im Laufe der Jahrtausende hatte diese vorgeschichtliche Grabstätte einigen Schaden genommen. Eine ehrenamtlich tätige Arbeitsgruppe – überwiegend Einwohner aus der Gemeinde Waabs – hat deshalb in den Jahren 1976 bis 1978 die Anlage restauriert und fachmännisch teilrekonstruiert.

Das markante »Hünengrab« von Birkenmoor im Dänischen Wohld, an der Straße Osdorf - Sprenge

Das »Langbett« von Karlsminde, Seitenansicht

Eine geöffnete Grabkammer im »Langbett«

Trotz Einsatz von Trecker und Winden hatten die Mitglieder der Arbeitsgruppe mit dem enormen Gewicht der Findlinge, insbesondere bei deren Wiederaufrichten, erheblich zu kämpfen.
Nochmals: Wie haben das die Menschen der Steinzeit vor rund 5000 Jahren geschafft – ohne technische Hilfsmittel unserer Zeit?
Zur Frage der Bedeutung dieser Grabanlage für die Menschen jener Zeit schreibt Cornelius Holtorf**): *»Nach wie vor rätseln jedoch Wissenschaftler und Laien gleichermaßen, was genau das 56 Meter lange Langbett wohl den Menschen bedeutet haben mag, die in vorgeschichtlicher Zeit an der Ostseeküste lebten. Das Megalithgrab mag ein Symbol gewesen sein für die Welt der Toten, bestimmte religiöse Überzeugungen oder auch für soziales Prestige, sei es das der bestatteten Toten, oder sei es das der bestattenden Lebenden. Genauere Aussagen über seine prähistorische(n) Bedeutung(en) läßt das Langbett kaum zu, und Schriftquellen aus dieser Zeit gibt es natürlich nicht.«*

*) Bis vor kurzem wurde die Karlsminder Grabanlage auf die Zeit um 2500 v. Chr. datiert. Neuere Forschungen ergeben eine Zuordnung für den Zeitraum 3500 bis 3000 v. Chr.

**) In seinem Bericht »Vergangenheit, die nicht vergeht: Das vorgeschichtliche Hünengrab von Waabs(-Karlsminde), Kreis Rendsburg-Eckernförde und seine heutigen Bedeutungen«. Veröffentlicht in »Archäologische Nachrichten aus Schleswig-Holstein«. Mitteilungen der Archäologischen Gesellschaft Schleswig-Holstein e.V. Heft 6, 1995.

Steinerne Schatzkiste

Auch Steinstrände haben ihre Liebhaber. Wer sich für Gesteinskunde oder einfach nur für schöne Steine interessiert, findet hier eine wahre Gesteinsschatzkiste. Von Eiszeiten aus Skandinavien herantransportiert und liegengelassen.
Steine, denen die Natur in Jahrtausenden mittels Wasser und Sand Kanten und Grate weggeschliffen und dafür glatte, abgerundete Formen gegeben hat. Steine in geradezu unendlicher Vielfalt der Arten, Formen, Farben, Muster und Größen. Manche mit Versteinerungen und Einschlüssen von Lebewesen, die im Urzeitalter der Erde lebten. Steine - das ist (an)faßbare Erdgeschichte. Da liegt dann ein roter Dala-Sandstein - so um die 1,3 Milliarden Jahre alt - neben einem handlichen Brocken Schonen-Basalt, der es »nur« auf ein Alter von etwa 145 Millionen Jahre bringt. Und im interessanten Durcheinander viele weitere Arten, Unterarten und Sorten. Zum Beispiel Porphyr, Quarzit, Granit, Gneis, Diabas, Kalkstein. Und immer wieder Feuerstein (Flint). Den haben unsere Uraltvorderen der Steinzeit mittels gekonnter Schlagtechnik zu Werkzeugen bearbeitet: Feuersteinbeile, -schaber, -klingen. Wer seine besonders hübschen, steinernen Fundstücke vom Strand bestimmen möchte, dem sei das Buch von Frank Rudolph »Strandsteine - Sammeln und Bestimmen«*) empfohlen.

*) Wachholz Verlag, 2005.

Strandsteine - in Sorten, Farben, Mustern

Damp entstand am Reißbrett

Die Küste von Damp auf der Halbinsel Schwansen war noch vor wenigen Jahrzehnten eine einsame, kaum erschlossene Gegend. Nur Feld- und Waldwege, keine Siedlungen, typische Gutslandschaft.

Bis dann Ende der 1960er Jahre Graf Reventlow, Gutsherr auf Damp, rund 85 Hektar Land in Küstenlage an eine GmbH verkaufte. Die hier ein modernes Ostseebad nach Reißbrettentwurf entstehen ließ. Damals unter dem zukunftsweisenden Namen »Damp 2000«. Heute lautet die Bezeichnung nur noch »Ostseebad Damp«, ohne 2000. Weil dieses Jahr inzwischen Vergangenheit ist.

Damp ist ein eigener Kosmos. Für Urlaub und Erholung, für Wellness und Kongresse, für Fitness und Kuren, für Sport, Spaß und Spiel. Und mit der Ostseeklinik und der Reha-Klinik für die Gesundheit. Alles ist vorhanden: Sandstrand, Yachthafen, subtropisches Badeparadies, Vital-Centrum, Schwimmbad, Spielplätze, Kinderparadies und Teens-Treff, Strandpromenade, Restaurants, Ladenzeile, Ferienwohnungen, Ferienhäuser, jede Menge Veranstaltungen. Und so weiter, und so weiter. Damp ist komplett.

Nur eines fehlt dann doch – die Atmosphäre, das Ambiente, das Flair eines historisch gewachsenen Ortes.

Die Skyline von Damp

Aurelia aurita

Quallen! Schwimmer und Ostseeplanscher mögen sie nicht - sie sind so glibberig. Und die eine, in der Ostsee zum Glück seltene Sorte, die Feuerqualle, ist sogar richtig gemein, sie brennt auf der Haut. Fischer mögen sie auch nicht. Quallen verstopfen die Netze, minimieren dadurch den Fischfang. Und das Säubern der Netze vom Quallenbeifang macht zusätzliche Arbeit.

Aber Quallen gehören im Sommer nun mal dazu, zum Leben in der freien Ostsee, auch in den Häfen, gelegentlich an den Badestränden. Sie treten mal mehr, mal weniger, an manchen Plätzen auch gar nicht auf. Exakt voraussagen läßt es sich nicht, ob, wann, wieviel und wo genau Quallen im Wasser sind.

Von der Hafenbrücke, vom Kai aus, lassen sich im klaren Wasser Quallen gut erkennen. Dann kann man beobachten, daß diese milchig-durchsichtigen Nesseltiere mit ihrer Glocke zwar langsam, aber ständig am »Pumpen« sind. Das müssen sie auch. Nur so können sie schwimmen. Quallen bestehen zwar zu rund 95 % aus Wasser, sind aber schwerer als das Ostseewasser. Ohne zu »pumpen« würden sie daher tödlich absinken auf den Meeresgrund. Quallen haben Sinnesorgane für Licht und Schwerkraft. Daher schwimmen sie

Ohrenquallen

zumeist im lichten Oberflächenwasser. Allerdings können sie nicht gegen kräftige Meeresströmung schwimmen, sie treiben mit der Strömung.

Häufigster »Gast« an der schleswig-holsteinischen Ostseeküste ist - wie die Fachwissenschaftler sa-

gen – die »Aurelia aurita«. Was für eine wohlklingende Bezeichnung für die Ohrenqualle. Die vier zumeist rosa- bis violettfarbenen Halbkreise im Zentrum der Glocke haben ein wenig Ähnlichkeit mit Ohren – daher der Name. Es handelt sich jedoch nicht um Ohren, sondern um Keimdrüsen. Übrigens: Ohrenquallen sind zwar gallertartig-glitschig, aber ansonsten für Menschen völlig harmlos.

Museumshafen Kappeln

Schmale, lange, echt alte Holzstege - Festmacherpfähle mit weißen Köpfen - am Eingang eine urig-historisch anmutende, aber aktiv genutzte kleine Reparaturbrücke - gepflegte Oldtimer in langen Reihen an den Stegen: Der Museumshafen Kappeln hat kernig-alte Seefahrtsatmosphäre.

Oldtimer in langen Reihen an den Stegen

Holzschiffe sind arbeitsaufwendig:
Abschleifen des Mastes, bevor er neu lackiert wird

Der Heringszaun von Kappeln

In der Schlei werden Heringe gefangen. Heringe in der Schlei – das ist der ultimative Beweis: Die Schlei ist kein Fluß, sondern eine Ostseeförde. Denn Heringe benötigen Meerwasser. Von Heringsvorkommen in reinen Süßwasserflüssen wurde noch nirgends berichtet. Für den Heringsfang hatten die Schleianrainer früher eine besondere Methode: die Fischzäune. Der Reiseschriftsteller J.G. Kohl berichtete darüber im Jahr 1846 wie folgt*): »*Die Hauptfischer aber sind die Bewohner der kleinen Flecken Cappeln und Arnis und dann die Rittergutbesitzer, die an der Schlei hin ihre Güter haben (...). Jeder hat seine Fall-, Fluth- und Hamenzäune. Es sind zum Theil sehr alte und großartige Werke und fast jedes hat seinen eigenen Namen.*«
Ein solcher Fischzaun besteht aus einem ausgeklügelten, auf Erfahrungswerten beruhenden System von »Wänden«, aus biegsamen Zweigen geflochten, die sich schließlich trichterförmig verengen. An das Endstück des Trichters wird eine Reuse gestellt. Für die von See kommenden Fische, vor allem für die zum Laichen schleiaufwärts ziehenden Heringsschwärme, ist an den »Wänden« kein Durchkommen. Zwangsläufig schwimmen sie daran entlang, in die Trichter ... und in die Reusen.
Ein einziger Fischzaun blieb in Kappeln erhalten, wird gepflegt und »fängig« gehalten. Der Heringszaun von Kappeln ist der einzig noch existierende, zumindest in Deutschland, wahrscheinlich sogar in Europa. Ein kulturhistorisches Denkmal der Fischfangtechnik!

* In »Reisen in Dänemark und den Herzogthümern Schleswig und Holstein«, erster Band, F.A. Brockhaus, Leipzig. 1846.

Der Heringszaun von Kappeln

Rettungsschuppen und Bootsparkplätze

Auch Maasholm, auf der Südspitze der Schlei-Halbinsel Oehe gelegen, ging mit der Zeit, hat touristisch aufgerüstet, einschließlich Bau eines großen Sportboothafens. Und doch blieb im ›alten Dorf‹ der Charme des Fischerortes erhalten. Mit reetgedeckten Katen, mit Utlucht-Häusern*) und ihren Rosenstöcken vor weißem Mauerwerk, mit dem denkmalgeschützten Rettungsschuppen der Deutschen Gesellschaft zur Rettung Schiffbrüchiger (DGzRS), mit dem Fischkutterhafen. Und mit den historischen Bootsliegeplätzen. Berthold Hamer hat diese in seiner »Topographie der Landschaft Angeln«**) wie folgt beschrieben: *»An der ›Schleikante‹ zum Wormshöfter Noor liegen auf etwa 500 m Küstenlänge die flachgehenden Kähne in kleinen, gesonderten Einstellplätzen. Die mit Holz ausgekleideten ›Bootparks‹ sind mit einfachsten Mitteln wie Pfähle, Planken, dazwischen Auffüllungen, dicht nebeneinander liegend ins Wasser hinausgebaut. Als seltener Bautyp und einmalig im Land 1987 unter Schutz gestellt (Denkmalbuch).«*

Der unter Denkmalschutz stehende, 1916 bis 1918 für die DGzRS erbaute Rettungsschuppen. Hier waren Strandrettungsboote und Raketenrettungsgeräte untergebracht

*) Utlucht (d.i. Ausguck): ganz schmaler Vorbau an der Straßenseite des Hauses, mit Fenstern links, rechts und vorne, durch die die Straße nach allen Seiten eingesehen werden kann.

**) Husum Druck- und Verlagsgesellschaft mbH u. Co., Husum, 1995.

Rechts:
Einer der historischen »Bootsparkplätze« in Maasholm

Liebevoll gepflegtes Reetdachhäuschen in Maasholm

MAA 39

Die Schlei

Auf langen Strecken wirkt die liebliche Schlei wie ein Fluß, eingebettet in eine geradezu parkartige Landschaft. Aber sie ist eine Förde, in der touristischen Werbung deshalb auch Ostseefjord Schlei genannt.*) Die schmalste, flachste und auch längste der schleswig-holsteinischen Ostseeförden. Ihre Gesamtlänge - von Schleimünde bis Schleswig - beträgt 43 Kilometer. Sie ist maximal 14 Meter, an vielen Stellen aber auch nur 2 bis 3 Meter tief. An der schmalsten Stelle bei Missunde ist die Schlei nur 100 Meter, bei der »Großen Breite« 4 Kilometer breit.

Aus von der See verdriftetem Abbruchmaterial von den Steilküsten der Landschaften Angeln und Schwansen bauten sich im Laufe der Jahrhunderte immer wieder Nehrungen und Strandwälle vor der engen Einfahrt der Schlei auf. Sie verschlossen diese Förde meerseitig wie ein breitgefächerter Naturpropfen. Berichtet wird von einem künstlichen Durchstich bereits 1780. Heute sind es vor allem die Molen von Schleimünde, die die Seezufahrt offenhalten.

*) Weitere Infos: www.ostseefjordschlei.de

An der Schlei

Mit Viktualien nach Kopenhagen

Am 11. Mai 1667 wurde Arnis gegründet. Von 62 Familien aus Kappeln. Die hatten ihren bisherigen Heimatort verlassen, weil sie nicht Leibeigene des Herrn von Rumohr, Gutsherr auf Roest, werden wollten. Der hatte Kappeln in Besitz genommen, verlangte von den Einwohnern den Untertaneneid. Die Ex-Kappelner erhielten vom Herzog, dem Landesherrn, die Erlaubnis, sich auf der Insel in der Schlei anzusiedeln. Arnis entstand.

Die Einwohner betrieben vor allem Schiffahrt und Handel. Das war eine Existenzfrage. Denn auf ihrer kleinen Inselfläche war nicht genügend Platz für Ackerbau. Die Arnisser kauften »Viktualien« - Butter, Käse, Würste, Bücklinge und so weiter - auf eigene Rechnung und segelten damit vor allem nach Kopenhagen, um ihre Waren dort zumeist mit gutem Gewinn zu verkaufen. Andere segelten im Charter auswärtiger Kaufleute auch nach England, Holland, Rußland, Schweden. Noch 1846 waren in Arnis 50 seegehende Schiffe registriert, mehr als zum Beispiel in Kiel.

Seit 1934 ist Arnis ›Stadt‹, die kleinste in der Bundesrepublik. Genaugenommen besteht das idyllische Mini-Städtchen aus einer einzigen, langgestreckten Straße, beiderseits mit niedrigen Häusern bebaut, flankiert von Baumreihen am Rande der schmalen Gehwege. Manche dieser Häuser haben noch das Flair aus früherer Zeit: Rosenstöcke vor den Sprossenfenstern, schöne alte Türen, Giebelfronten mit Utluchten*).

Insel, wie zur Gründungszeit 1667, ist Arnis nicht mehr. Nach Norden wurde der Ort landfest. An den übrigen drei Seiten aber wird Arnis nach wie vor von der Schlei eingerahmt. Statt einstiger »Viktualien-Segler« dominieren nunmehr Sportboote und Ausflugsschiffe das Bild auf dem Wasser.

*) Utlucht (d.i. Ausguck): ganz schmaler Vorbau an der Straßenseite des Hauses, mit Fenstern links, rechts und vorne. Dadurch kann die Straße nach allen Seiten eingesehen werden.

Links:
Utlucht-Häuser

In Arnis, Partie an der Schlei

LANDSCHAFT ANGELN UND FLENSBURG

An Angelns langen Küsten

Glücksburgs Kurstrand gehört zur gepflegten Vorzeigeklasse. Ansonsten aber sind die Angelner Ostseestrände vielfach angenehm naturbelassen, nicht aufgestylt, nicht bis in den letzten Winkel touristisch hergerichtet.

Einem putzmunteren Strandleben - unter anderem in Kronsgaard, Maasholm, Oehe, Hasselberg, Falshöft und Pommerby, in Gelting-Wackerballig, Steinberghaff und Norgaardholz, in Nieby und Langballigau - tut das keinen Abbruch. Im Gegenteil. An diesen weiten, nicht übervollen Stränden kann jeder ungezwungen auf seine Façon selig werden. Besonders für Kinder ein Spiel- und Erlebnisparadies.

Im Verhältnis zur Lübecker Bäderbucht mit Travemünde, Grömitz, Timmendorfer Strand liegen Angelns Ostseestrände eher an der stillen Küste.

Das, so meinen Kenner, habe auch seine Vorteile.

Motiv an der Küste bei Falshöft

An Angelns langer Küste - grünes Land, weißer Strand, blaue Ostsee

FAL
FAL
FAL 7
FAL 7

Die Birk

Die Birk, eine kleine Dreiecks-Halbinsel, ein Naturschutzgebiet ausgangs der Flensburger Förde. Eingerahmt von der Geltinger Bucht zur einen, von der freien Ostsee zur anderen Seite. Die Birk ist eine besondere, eine vielgestaltige Küsten- und Uferlandschaft. Bestehend aus Dünen, Strandwällen, sand- und geröllbedeckten Außenstränden, kleinen Nehrungshaken, verlandeten Schilfsümpfen, Salzwiesen, dem Geltinger Noor, kleinen Eichenkratts. Ein Refugium für Flora und Fauna. Für den spazierengehenden Naturfreund vom Wanderweg nach allen Seiten einsehbar.
Und dann ist da noch »Charlotte«, Windmühle vom Typ Erdholländer, die vormals zur Entwässerung des tiefliegenden Landes am Noor diente. Bei der kleinen Siedlung Goldhöftberg, dort, wo der Fußweg zur Birk beginnt, begrüßt »Charlotte« alle Wanderer.
Auch von der anderen Seite, von Falshöft aus, führt ein Fußweg auf die Birk.

Die Birk - Natur aus Wasser und Land

Rechts:
Der Wanderweg auf der Birk

Das Wahrzeichen der Birk: »Charlotte«

Langballigau ist »hyggelig«

Langballigau an der Flensburger Förde. Gegenüber in Sichtweite die dänische Halbinsel Broager Land. Und, eben um deren Südspitze herum, Sonderburg. Für Freizeitkapitäne aus dem rot-weißen Königreich ist der kleine Hafen von Langballigau ein beliebter Anlaufpunkt. Ein paar Kioske und Gaststätten warten auf Kunden und Gäste. *»Das Bier«*, versicherte ein Vollbart-Däne, *»ist hier immer bestens gekühlt!«*
Für einheimische Skipper ist Hafen Langballigau ein gefragter Heimatliegeplatz. Schließlich sind es für die Segler bis zur offenen See nur wenige Kreuzschläge auf der Flensburger Außenförde. Ein paar Fischerboote bringen zusätzlich Atmosphäre ins Hafengeschehen. Gäste ohne Boot nutzen vor allem den Campingplatz. Sandstrand gibt es auch.
Langballigau, eine Oase der Sorte gemütlich. Oder wie die Dänen sagen: »hyggelig«.

Motiv im Hafen Langballigau

Ostseefarben

Je nach Wolkenbildung oder auch völlig wolkenlosem Himmel, nach Sonnenstand und Windverhältnissen zeigt sich die Ostsee ufernah in unterschiedlichen Farben. Zum Beispiel tiefblau, grün-grau und silberglänzend.

Ostsee in Farben: tiefblau, grün-grau, silberglänzend

Glücksburg – mit herzoglicher Noblesse

Die sympathische Kleinstadt Glücksburg liegt zwar an der Flensburger Förde, war aber nie Hafenstadt. Als im 19. Jahrhundert das Badeleben überall in Mode kam, nutzten die Glücksburger ihre schöne Ostsee-Förde-Lage. Seit 1872 ist der damalige Flecken Glücksburg Ostseebad. Henning von Oldekop notierte in seiner »Topographie des Herzogtums Schleswig« im Jahre 1906:

»In weiteren Kreisen ist Glücksburg mit der Eröffnung des Bades im Jahre 1872 bekannt geworden, die Frequenz hat sich auf tausende von Badegästen gehoben, große Etablissements bieten bei verschiedenen Ansprüchen entsprechende Aufnahme.«

Was Oldekop vor mehr als hundert Jahren schrieb, stimmt auch heute noch. Glücksburg ist bekanntes, gefragtes Ostseebad. In dem noch immer ein Touch herzoglicher Noblesse spürbar ist. Nicht zuletzt dank des prächtigen Wasserschlosses, erbaut von Herzog Johann dem Jüngeren in den Jahren 1583-1587. Das Schloß kann drinnen und draußen besichtigt werden. Es ist eine Besucherattraktion ersten Ranges.

Schloß Glücksburg zählt zu den bedeutendsten Schlössern Nordeuropas

Holnis – die nördlichste Küstenspitze

Wie ein langgestreckter Landschaftssporn ragt die schmale Halbinsel in die Flensburger Förde. Holnis ist die nördlichste Spitze der schleswig-holsteinischen Ostseeküste. Mit unterschiedlichen Küsten- und Landschaftsformen auf vergleichsweise engem Raum. Unter anderem mit 2,7 Kilometer Steilküste, mit Strandwällen, Außenstränden, Nehrungshaken, dem Kleinen und dem Großen Noor, Salzwiesen, Röhrichten, auch mit bewirtschaftetem, durch Knicks gesäumtem Bauernland. Verschiedenste Vegetationsarten gehen auf Holnis ineinander über. Die Halbinsel hat Brückencharakter nach Norden – jedenfalls für die Zugvögel. Deshalb ist Holnis besonders in der Zugzeit im Frühjahr und Herbst beliebter Rast- und Nahrungsplatz für Wasser- und Watvögel.

Möwentreff auf einem Nehrungshaken

Uferpartie auf Holnis

Flensburgs malerische Altstadt

Flensburg, die Fördestadt, hat Glück gehabt. Die Stadt blieb von Zerstörungen des Zweiten Weltkrieges weitgehend verschont. Von großflächigem »Plattmachen« historischer Bausubstanz in den ersten Jahrzehnten danach ebenfalls. So zeigt sich die Altstadt in einer charmanten Mischung aus Vergangenheit und Gegenwart. Auf ihre vielen restaurierten, renovierten, gepflegten historischen Bauten aus mehreren Jahrhunderten sind die Flensburger zu Recht stolz. Handels- und Handwerkerhöfe, Speicher, Geschäfts- und Wohngebäude erinnern an frühere Zeiten dieser Handels- und Hafenstadt.

Einer der malerischen Flensburger Hinterhöfe. Hinten ein ehemaliger Speicher mit Kranluke, rechts ein vormaliges Wohn- und Werkstattgebäude. Norderstraße Nr. 51

Dachgaube mit Kranluke und Aufzugsvorrichtung (Seil über Flaschenzugrolle). Oluf-Samson-Gang Nr. 25

»Die Seele der Stadt«

Die Zeiten bedeutender Handelsschiffahrt sind im Flensburger Hafen weitgehend vorbei. Leer ist der Hafen deshalb aber nicht. Statt Frachtschiffen wie einst dominiert heute die große, bunte Welt der Freizeitschiffahrt das Bild. Dem Spaziergänger auf Hafenpromenaden und Kais bieten sich maritime Motive in Hülle und Fülle. So stimmt dieser Spruch der Flensburger wie eh und je: *»Unser Hafen ist die Seele der Stadt.«*

Maritime Motive im Flensburger Hafen

Die Flensburger Museumswerft

Die Museumswerft an historischer Stätte, an der Schiffbrücke in Flensburg. Ein Gelände mit dem Flair alter Holzschiffbauzeiten. Hier werden kleinere Segelschiffe und Arbeitsboote gebaut, wie sie im 18. und 19. Jahrhundert auf der Ostsee typisch waren. Mit traditionellen Bootsbauwerkzeugen werden Planten und Spanten, Spieren und Masten bearbeitet, Kielschweine eingepaßt. Und alles zum Schiff zusammengefügt. Wie zum Beispiel nach Originalbauplänen von 1794 zu einer »Dansk Jagt«, einem typischen kleinen Frachtsegler jener Zeit.
Ihre generellen Absichten definieren die Werftleute wie folgt: *»Unser Ziel ist es, den Hafen Flensburg mit traditionellem Schiffbauhandwerk zu beleben, Kindern und Jugendlichen den Umgang mit traditionellen Holzwerkzeugen zu er-*

Motive auf der Flensburger Museumswerft

möglichen und unseren Besuchern unser maritimes Kulturerbe näher zu bringen.«
Deshalb: Betreten der Museumswerft nicht nur erlaubt, sondern erbeten.

Holz - Baumaterial für die Schiffbauten auf der Museumswerft

Die »Alex« – Passagierschiff unter Dampf

Die »ALEXANDRA« – für Flensburger liebevoll »die Alex« – ist das letzte seegehende, kohlenbefeuerte Passagierdampfschiff Deutschlands, 1908 gebaut und somit 100 Jahre alt. Ein geradezu »biblisches« Alter für ein noch aktives Schiff. Den Namen hat die »ALEXANDRA« von ihrer Taufpatin, der Prinzessin Alexandra-Victoria aus dem Hause Glücksburg-Sonderburg-Augustenburg.
Jahrzehntelang war dieser Salondampfer das Flaggschiff der Flensburger Förde-Reederei, eingesetzt vor allem auf allen Fördestrecken. Generationen von Flensburgern, von Gästen und Freunden aus aller Welt sind mit der »ALEXANDRA« gefahren.
Am 31. August 1975 hat die Förde-Reederei dieses Dampfschiff außer Dienst gestellt. Umgehend abgewrackt wurde der einst stolze Salondampfer zwar nicht. Aber wie es so ist mit ausgemusterten, aufliegenden Schiffen – sie rosten und rotten. Das endgültige Schicksal der »Alex« schien besiegelt. Und wurde doch abgewendet. Die Flensburger wollten ihre »ALEXANDRA« nicht den Schneidbrennern überantworten. Aus der 1979 gebildeten Aktionsgruppe »Rettet die ALEXANDRA« wurde der FÖRDERVEREIN SALONDAMPFER »ALEXANDRA« e.V. Den Mitgliedern, unterstützt von vielen Seiten, gelang es, das Schiff wiederherzurichten und in Fahrt zu bringen. Eine bewundernswerte Leistung. Heute sind es rund 35 Aktive, die ehrenamtlich dafür sorgen, daß auf und mit der »Alex« alles läuft.
Und so ist die »ALEXANDRA« im Sommerhalbjahr wieder auf Tour. Die öffentlichen Förderundfahrten sind sehr gefragt. Dazu kommen Charterfahrten, zum Beispiel für Firmenveranstaltungen, Jubiläen, Hochzeiten.

Die »ALEXANDRA« an ihrem Liegeplatz im Flensburger Hafen

Die »ALEXANDRA« unter Dampf

Die Wasserhäuser von Sonwik

Ein eigenes Häuschen direkt an der Küste, mit unverbaubarem Ausblick aufs Meer - ein Traum. Es gibt eine Steigerungsform: Kein Haus am, sondern im Wasser. Im kleinen, feinen Flensburger Stadtteil Sonwik - ehemals Gelände des Marinestützpunktes Mürwik - wurde das realisiert. Exklusiv entwickelte Architektenhäuser nicht am, sondern wirklich im Wasser, in der Flensburger Förde, auf Pfählen gegründet. Es sind lichtdurchflutete Einfamilienhäuser auf zwei großzügigen Ebenen. Oben die Dachterrasse mit 360°-Grad-Rundumblick. Reling statt Gartenzaun. Und mit Bootsanlegeplatz direkt vor der Haustür. Über eine eigene Mole sind die Häuser auch »trocken« zu erreichen. Sonwiks Wasserhäuser erfahren Beachtung von Architekten und Städteplanern aus aller Welt.

Die Wasserhäuser spiegeln sich im Wasser der Marina

Eigene Bootsanlegestelle vor der Haustür

SWEDEN YACHTS 390
DENBIRAN
MISSUNDE

Höchst notwendige Schlußbemerkung

Der Autor – ein Kieler – hat auf Touren, Wanderungen, Spaziergängen und auch durch Aufenthalte zwei Jahre lang »seine« Ostseeküste speziell für dieses Buch erneut erkundet. Er hat notiert und fotografiert, was ihm typisch erschien für die Küste, für Häfen und Schiffe, für Ostseebäder und Städte, für Land und Leute. So hat sich ein informativ-unterhaltsames Kaleidoskop zusammengefügt über die Ostseeküste des Landes zwischen den Meeren.
Allerdings war Vollständigkeit weder möglich noch beabsichtigt. Beispielhaft wird die Küste mit ihren unterschiedlichen Facetten vorgestellt. Autor und Verlag bitten deshalb um Verständnis, wenn in diesem Buch (zwangsläufig) »etwas fehlt«.

ANHANG

Orts- und Sachregister

Y

Vom selben Autor lieferbar: (Auswahl)

Reisebilder:

Alle Bände: gebunden, Großformat (26,5 x 20,5 cm),
152 bis 256 Seiten, 160 bis 310 farbige Abbildungen. * Schutzumschlag

ISBN 978-3-86108-470-9
22.00 €*

ISBN 978-3-86108-481-5
22.00 €*

ISBN 978-3-86108-492-1
9.90 €

ISBN 978-3-86108-467-9
20.90 €

ISBN 978-3-86108-922-3
22.00 €*

ISBN 978-3-86108-907-0
20.90 €

ISBN 978-3-86108-910-0
20.90 €

ISBN 978-3-86108-911-7
22.00 €*

ISBN 978-3-86108-955-1
22.00 €*

ISBN 978-3-86108-498-3
22.00 €*

ISBN 978-3-86108-463-1
22.00 €*

ISBN 978-3-86108-475-4
20.90 €

Insel-Impressionen:

Alle Bände:
gebunden mit Schutzumschlag, Großformat
(26,5 x 22 cm),
144 Seiten, zahlreiche
farbige Abbildungen

Gotland
Impressionen einer Insel

ISBN 978-3-86108-929-2
24.90 €

Lanzarote
Impressionen einer Insel

ISBN 978-3-86108-918-6
24.90 €

Teneriffa
Impressionen einer Insel

ISBN 978-3-86108-949-0
24.90 €

Weitere Titel unter www.edition-temmen.de

Langballig
Steinberghaff
Steinberg-kirche
Wackerballig
Gelting
Kronsgaard
Hasselberg
Oehe
Maasholm
Schleimünde
Ostsee
Scheersberg
B 199
Angeln
Kappeln
Schönhagen
Arnis
B 201
Schlei
Schwansen
Damp
Hökholz
Waabs
Dänisch Nienhof
Langholz
Surendorf
Stohl
Bülk
Heidkate
B 203
Rieseby
Karlsminde
Jellenbek
Bottsand
Schwedeneck
Krusendorf
Strande
Stein
Eckernförder Bucht
Schilksee
Laboe
Dänischer Wohld
Friedrichsort
B 502
Eckernförde
B 76
Kieler Förde
Heikendorf
Aschberg
1 Noer
2 Osdorf
3 Birkenmoor
4 Rathmannsdorf
Gettorf
Holtenau
Levensau
Wittensee
KIEL
B 76
Nord-Ostsee-Kanal
A210
B 404
A215
A 7
A 7
NEUMÜNSTER